Éditions du Moment
15, rue Condorcet
75009 Paris
www.editionsdumoment.com

Bernard Lonjon

Colette, la passion du vin

LES ÉDITIONS DU MOMENT

Pour Valérie qui a érigé le vin en totem de vie.
Pour tous nos amis, passionnés du « bon jus d'octobre ».

Les citations de Colette reproduisent avec exactitude l'orthographe de ses lettres, ainsi que l'emploi des majuscules (notamment pour les vins, leur origine et les cépages) et des ponctuations, même s'il diffère des usages actuels.

PRÉAMBULE

Depuis des temps ancestraux, le produit de la vigne, arbre sacré, est un breuvage divin qui, dans certaines civilisations, est gage d'immortalité, de sorte que l'on a souvent construit des édifices religieux à l'endroit même où s'épanouissent les coteaux. Depuis que la littérature existe, ses chantres ont su faire rimer vin avec divin, ivre avec livre ou ivresse avec déesse. Ils ont chanté ce breuvage incomparable et mystérieux, décliné ses vertus médicinales ou aphrodisiaques. Ils l'ont métamorphosé en élixir de jeunesse, boisson du plaisir qui redonne gaieté, vigueur et courage aux cœurs lourds. Tous les écrivains ont transmis cette part d'ombre et de mystère liée au vin. Les plus affables l'ont rendu élégant, fantasque, fâcheux parfois, cruel exceptionnellement. Mais le plaisir de boire reste le facteur commun de quantité de littérateurs. Plaisir de la dégustation. Plaisir du partage. Plaisir de l'ébriété et de la douce euphorie.

Rabelais fut l'un des chantres les plus prolifiques de la dive bouteille, mais aussi Villon et Balzac, Hugo et

Ronsard, Montaigne et Rousseau. Plus près de nous, Rimbaud et Bruant, Apollinaire et Giono, Aragon et Queneau, ou encore Blondin et Fallet, pour ne citer que les Français. Et Colette naturellement. Elle demeure l'une des rares femmes de lettres à avoir su s'inscrire en de superbes pages dans ce concert de louanges. Elle a même fait beaucoup plus qu'écrire sur le vin. Elle l'a créé. Elle a choisi des cépages, planté des vignes, taillé des ceps, vendangé du raisin. Elle a humé les terroirs, goûté le vin nouveau aussi bien que les grands crus classés. Elle en connaît la saveur. Elle en mesure la passion. L'ivresse aussi.

On a coutume de considérer que les romans de Colette sont autant de tranches de son intimité. Mais elle n'en a souvent transcrit que la substance pour garder le plus beau, qu'elle a repeint avec des tonalités sensuelles qui l'ont enjolivé, y compris dans ses aspects les plus affligeants. Seules ces lumières nous apparaissent à travers les textes qui reflètent son âme, autant de réfractions de cet amour « pur et impur » qui habite son cœur. Disciplinée et lucide dans son travail d'écrivain, Colette a su allier les images colorisées par ses soins et les réflexions profondes, existentielles ou littéraires. La scandaleuse écrivait avec son corps une prose charnelle. Elle considérait que ce sont les passions qui régissent les hommes, fussent-elles dévastatrices. Passion de l'amour. Passion de la vie. Passion de la bonne chère.

Passion du plaisir. Passion du vin. Cependant, en traversant la première moitié du vingtième siècle, le cours de sa vie s'est infléchi de manière constamment inattendue. Cette rebelle devenue libertaire achève ses jours dans le conformisme, croulant sous les honneurs.

Colette représente une certaine France, celle des terroirs et des essentiels, celle de la nature, des animaux et des hommes. Elle incarne à elle seule toutes les régions de notre pays qu'elle a aimées à tour de rôle, en fonction des circonstances et de ses rencontres. Notamment les régions viticoles, qui apparaissent à mesure qu'elle les découvre et les révèle dans ses romans. Depuis sa Bourgogne natale en passant par le Jura, la Champagne, le Bordelais, la Provence et le Beaujolais, les provinces prennent corps pour les Parisiens qu'elle a choyés et qui ne peuvent se targuer que du vin de Montmartre, ce qui est déjà fort bien.

Chacune de ses amours est liée à une région. La Puisaye et la Bourgogne de ses parents et de son enfance. Le Jura de son premier mari Willy. La Bretagne de son amante Missy. La Corrèze de son second mari Henry de Jouvenel. La Provence de son dernier mari, Maurice Goudeket et, enfin, le Beaujolais de ses amis Madeleine et Jean Guillermet.

Colette a rencontré ces derniers en 1943. Jusqu'à la fin de sa vie, une relation épistolaire a nourri leur amitié et enrichi leur amour des livres et du vin.

En 1929, Jean Guillermet (1893-1975) crée sa maison d'édition, Les Éditions du Cuvier, à Limas au cœur de la région viticole du Beaujolais. Il y a édité jusqu'à la fin de sa vie près de deux cents ouvrages autour de l'histoire de la région, de Villefranche-sur-Saône et de Claude Bernard, enfant du pays, le père de la médecine moderne. Il publie chaque année un almanach du Beaujolais dont il est également le rédacteur en chef, l'inspirateur et auquel il contribue par des articles. Il fréquente le monde des arts et lettres et reçoit chez lui les écrivains Gabriel Chevalier et Jean Cocteau, les peintres Maurice Utrillo, Suzanne Valadon et Louis Touchagues, l'homme politique Édouard Herriot et Colette qui est ainsi devenue une amie intime de Made, Madeleine Guillermet, l'épouse de Jean, sa fée bienfaisante.

La correspondance adressée au couple Guillermet contient quarante-trois lettres de Colette et vingt-sept de son dernier mari. Colette y parle de sa santé déclinante, de sa passion pour le vin et de son quotidien au sein de son antre, situé rue de Beaujolais, dans les jardins du Palais-Royal, où elle passe le plus clair de ses dernières années à travailler pour se distraire des douleurs de son corps.

Colette a aussi correspondu, de 1940 à 1953, avec Lucien Brocard qui, dans les années vingt, a repris l'exploitation de l'entreprise *Vins Brocard* fondée par son père en 1890 au cœur même des entrepôts de Bercy, haut lieu du vin parisien durant près d'un siècle. Spécialisé dans le commerce des vins et spiritueux, Lucien Brocard a rempli la cave de la romancière, notamment pendant la guerre chaque fois qu'elle était « à sec ». Il lui a fait découvrir de nouveaux terroirs, des crus rares et des vins inhabituels. Il a même créé une cuvée en son honneur, *La Vrille Verte.* Cette longue correspondance de soixante-deux lettres que Colette lui a adressées permet de mieux comprendre ce que fut le rationnement durant l'Occupation et d'appréhender ses goûts en matière de vin qu'elle appréciait en connaisseuse.

Avec ces lettres inédites et les souvenirs qu'elle met en scène dans toute son œuvre, nous montrerons quelle place privilégiée Colette a accordée à la célébration du vin auquel elle a été très tôt initiée, durant son enfance à Saint-Sauveur-en-Puisaye dans l'Yonne. Comme Montaigne et Rabelais, elle a reconnu au vin ses lettres de noblesse, qu'elle a exaltées avec le lyrisme de sa plume et sa sensibilité féminine. C'est d'ailleurs un des symboles de la libération des femmes à laquelle elle a œuvré, de jouir du vin tout comme des autres plaisirs de la vie. Curieuse de tout, elle s'adonne à ses découvertes avec le zèle d'une disciple : « *Je fis, adolescente, la rencontre d'un prince enflammé, impétueux, traître comme tous les grands séducteurs : le Jurançon. Ces six flacons me donnèrent la curiosité de leur pays d'origine plus que n'eût fait un professeur.* » Elle raconte également ses rencontres avec la vigne jusque dans l'une de ses œuvres tardives, *Le Fanal bleu*, alors qu'elle vient de passer quelques jours chez Jean Guillermet. Elle commente sa visite des caves et décrit les personnages de vignerons et de vendangeurs qui ont partagé ces moments magiques où le raisin est cueilli. Puis, durant ses dernières années, elle recourt au vin pour apaiser ses souffrances. Son œuvre tout entière se réfère à cette culture et à cette inspiration, sans omettre même des conseils culinaires qu'elle prodigue pour associer au mieux la bonne chère et le bon vin.

Pour avoir beaucoup parcouru notre territoire, Colette connaît les crus de chaque terroir : « *Rien qu'en nommant par leurs noms nos provinces et leurs villes, nous chantons la louange des vignobles vénérés. Il est profitable à l'esprit et au corps – croyez-m'en – de goûter le vin chez lui, dans un paysage qu'il enrichit*[1]. » Nous allons donc la suivre dans son parcours initiatique, en un tour de France des régions viticoles, sur lesquelles elle a écrit sans doute les plus belles pages, reconnaissant la vigne comme un don de la Providence, patiemment cultivé par le Gaulois depuis que les légions romaines l'ont transplanté, remontant désormais les berges de nos fleuves, escaladant les pentes de nos vallées, se

1. *La Treille muscate*, Aimé Jourde, 1932.

nichant dans nos campagnes comme dans des écrins, source de tonicité pour nos corps et de plaisir pour nos esprits cultivés. Colette nous entraîne à trinquer avec elle, à goûter les effluves de la boisson, à en distinguer l'origine et à succomber à son charme : « *Emplis donc, vin, ce verre que je tends. Verre fin et simple, bulle légère où jouent les feux sanguins d'un grand ancêtre de Bourgogne, la topaze d'Yquem, le rubis balais, un peu mauve parfois, du bordeaux au parfum de violette*[1]. »

Alors grisons-nous avec Colette, égayons-nous et apprêtons-nous à la suivre dans sa découverte des terroirs à travers son écriture gouleyante.

1. *Prisons et Paradis*, Ferenczi, 1932.

I

LA BOURGOGNE AVEC SES PARENTS

Dès sa plus tendre enfance, Colette a été admise et instruite dans l'univers complexe du vin. C'est son père, le capitaine Jules Colette, originaire de Toulon, qui l'y a initiée. Lui qui a fait goûter de l'alcool à la jeune Gabrielle en 1876. À peine âgée de trois ans, elle déguste son premier verre de muscat, un vin mordoré en provenance directe de Frontignan près de Sète – dont le port fut longtemps aux mains des pinardiers. C'est là que Hercule, assoiffé par une longue marche sous un soleil implacable, plia le flacon qui lui était offert pour en extraire la dernière goutte, d'où la forme torsadée caractéristique de la bouteille : « *Coup de soleil, choc voluptueux, illumination des papilles neuves ! Ce sacre me rendit à jamais digne du vin*[1]. » Comme Rabelais et Voltaire qui aimaient réchauffer leur cerveau d'un bon verre de muscat de Frontignan, Colette y a apprécié ce

1. *Prisons et Paradis*, op. cit.

parfum singulier, issu de raisins butinés par les abeilles après une longue maturité, qui lui donne cette douceur, bonne à engendrer une saine gaieté et une légère ivresse.

Quelques années plus tard, elle poursuit son éducation vinicole. Restant dans les vins doux, elle approche des grands crus de Sauternes, plus moelleux, comme le fameux château-yquem, seul Premier cru supérieur classé en blanc liquoreux dans la célèbre classification officielle des vins de Bordeaux établie en 1855 à la demande de Napoléon III. C'est ainsi qu'elle en raconte la découverte renouvelée : « *Un peu plus tard j'appris à vider mon gobelet de vin chaud, aromatisé de cannelle et de citron, en dînant de châtaignes bouillies. À l'âge où l'on lit à peine, j'épelai, goutte à goutte, des bordeaux rouges anciens et légers, d'éblouissants Yquem. Le champagne passa à son tour, murmure d'écume, perles d'air bondissantes, à travers des banquets d'anniversaires et de première communion, il arrosa les truffes grises de la Puisaye… Bonnes études, d'où je me haussai à l'usage familier et discret du vin, non point avalé goulûment, mais mesuré dans des verres étroits, absorbé à gorgées espacées, réfléchies*[1]. »

On le voit, sa culture s'élargit déjà, puisque, tout en restant dans la région de Bordeaux, elle déguste aussi des rouges, anciens comme il se doit, et légers comme la pétillante clairette que les Anglais qui l'adoraient avaient

1. *Prisons et Paradis*, *op. cit.*

surnommée claret. Sans oublier de goûter dans les réunions familiales le vin qui fait pétiller la notoriété de notre pays à travers le monde entier, le champagne.

Lorsqu'elle atteint l'âge de huit ans, son père, le capitaine Jules Colette, généreux et idéaliste, se lance dans une campagne électorale pour briguer un poste au Conseil général de l'Yonne. La petite Gabrielle le suit fièrement dans les salles de classe où il réunit les paysans du village pour leur porter la bonne parole électoraliste. Puis, après les sempiternelles séances de questions-réponses avec le public attentif, le candidat invite tout le monde au bistrot du coin.

« *Le vin chaud bouillait sur un feu de braise, soulevant sa houle empourprée des bouées de citron et des épaves de cannelle. […]*

– Cette petite demoiselle va se réchauffer avec un doigt de vin chaud !

Un doigt ? Le verre tendu, si le cafetier relevait trop tôt le pichet à bec, je savais commander : "Bord à bord !" et ajouter : "À la vôtre !", trinquer et lever le coude, et taper sur la table le fond de mon verre vide, et torcher d'un revers de main mes moustaches de petit bourgogne sucré, et dire, en poussant mon verre du côté du pichet : "Ça fait du bien par où ça passe !" Je connaissais les bonnes manières[1]. »

L'idéaliste capitaine Jules Colette, malgré l'excellent agent électoral que fut sa fille Gabrielle, perdit aux élections.

1. *La Maison de Claudine*, Ferenczi, 1922.

Elle lui donnera sa revanche dans son roman *La Maison de Claudine*, où le vainqueur deviendra un délégué cantonal véreux, inféodé aux basses attaques de la politique locale, contraint de couvrir les problèmes de sexe et d'argent sale.

Puis, à l'aube de la puberté, Colette achève la première partie de son éducation grâce à Sido, sa mère qui, au moment du goûter qu'il convenait de ne rater sous aucun prétexte, exhume de la cave familiale de magnifiques crus pour accompagner son « modeste en-cas » : « *C'est entre la onzième et la quinzième année que se parfit un si beau programme éducatif. Ma mère craignait qu'en grandissant, je ne prisse les "pâles couleurs". Une à une, elle déterra, de leur sable sec, des bouteilles qui vieillissaient sous notre maison, dans une cave [...]. J'eus des Château-Larose, des Château-Lafite, des Chambertin et des Corton qui avaient échappé en 70 aux "Prussiens". Certains vins défaillaient, pâlis et parfumés encore comme la rose morte ; ils reposaient sur une lie de tannin [sic] qui teignait la bouteille, mais la plupart gardaient leur ardeur distinguée, leur vertu roborative. Le bon temps ! J'ai tari le plus fin de la cave paternelle, godet à godet, délicatement... Ma mère rebouchait la bouteille entamée, et contemplait sur mes joues la gloire des crus français*[1]. »

Ces collations riches comme de véritables petits repas ont formé le goût de Colette à des saveurs essentiellement

1. *La Treille muscate*, op. cit.

sucrées. Mais une telle initiation gastronomique lui a permis de développer, plus tard, son acuité sensorielle, son odorat notamment, tout en affûtant son sens critique.

Sido, qui en 1865 avait épousé en secondes noces Jules Colette, raconte malicieusement comment, pendant la guerre de 1870, à l'heure de la décadence du Second Empire, les Prussiens viennent occuper leur commune de Saint-Sauveur-en-Puisaye – la future académicienne Goncourt y naîtra trois ans plus tard – et comment, en les obligeant à dissimuler les précieuses réserves familiales, ils ont rendu un grand service à ces bons vins : « *J'ai vu au milieu de la route un soldat avec un casque à pointe [...]. Je suis rentrée à la maison et j'ai enterré le bon vin [...]. Le vin qui datait de mon premier mari*[1]. *Du Château-Larose, du Château-Lafite, du Chambertin, du Château d'Yquem... des vins qui avaient dix, douze, quinze ans. Le beau sable de la cave les a rendus encore meilleurs*[2]. »

Et voilà comment, quelques années plus tard, l'adolescente Colette a pu parfaire son apprentissage en grands crus, de Bordeaux pour la plupart ! Partagée entre château-gruaud-larose, un second grand cru classé du Médoc, et le célèbre château-lafite-rothschild de Pauillac, un peu plus au nord, premier grand cru classé, à l'instar de margaux, mouton-rothschild, latour et haut-brion.

1. Le hobereau Jules Robineau.
2. *Journal à rebours*, Arthème Fayard, 1941.

Il faut dire que sa maison natale à Saint-Sauveur-en-Puisaye semble prédestiner la famille : la rue où Colette aboutissait, après avoir maintes fois escaladé la grille du parc de la propriété, s'appelait… rue des Vignes ! Et qu'elle va finir sa vie dans le bel appartement donnant sur les jardins du Palais-Royal au… 9 rue de Beaujolais ! La boucle est bouclée.

II

LE JURA
AVEC WILLY

À la fin du XIXe siècle, lorsqu'elle écrit son premier ouvrage de la série des *Claudine* sur une idée de Willy, son premier mari, Colette découvre le vin blanc limé, généralement coupé avec de la limonade, qu'elle qualifie de « corrompu ». Odile Henrion, alias la grande Anaïs dans le roman, qui apparaît sous les traits d'une fille « *vicieuse, filouteuse, flagorneuse et traîtresse* », ne pardonnera jamais cette caricature qui la croque comme une alcoolique préférant les alcools forts, alors que la jeune narratrice est censée se contenter de vin limé : « *La grande Anaïs déplore amèrement le départ de la fille du pharmacien qui nous fournissait jadis des flacons pleins d'alcool de menthe trop peu additionné d'eau de Botot sucrée ; moi qui suis une nature simple, je me borne à boire du vin blanc coupé d'eau de Seltz, avec du sucre et un peu de citron*[1]. »

1. *Claudine à l'école*, Ollendorff, 1900.

À la fin de l'année 1900, Willy offre à Colette une petite maison dans le Jura, « Les Monts-Boucons », à trois kilomètres de Besançon. En 1902, avec les droits d'auteur perçus grâce à l'immense succès des *Claudine*, qu'il fait encore paraître sous son nom, il acquiert la ferme voisine entourée de six hectares de pâturages et de forêts. Là elle découvre le vin de paille jurassien, liquoreux, élaboré avec soin grâce à la cueillette tardive des plus belles grappes. Le raisin, mis à sécher plusieurs semaines sur des lits de paille ou sur des claies pour obtenir un maximum de concentration des sucres, est pressé au mois de février. Le moût est stocké en fûts de chêne où il vieillit tranquillement durant trois ans pour développer ses arômes de miel, caramel et orange confite. Ce vin, « *prince enflammé, impérieux, traître comme tous les grands séducteurs* », conquiert Colette isolée dans sa campagne par son cher et tendre qui la veut au travail, mais dont les rares visites lui procurent les moments les plus heureux de leur vie conjugale.

Colette s'épanouit dans cette Franche-Comté qu'elle apprécie de plus en plus. Dès qu'elle voyage, elle n'a qu'une hâte : « *tout quitter pour la pauvre et médiocre solitude des Monts-Boucons*[1] ». Durant cinq saisons, elle profite de cet endroit magique pour elle et son inspiration. C'est là qu'elle écrit *La Retraite sentimentale*, publiée au Mercure de France

1. *Colette*, Claude Pichois et Alain Brunet, Éditions de Fallois, 1998.

d'Alfred Vallette en 1907, où, pour la première fois sous son propre nom, sont déjà parus les *Dialogues de bêtes*, en 1904. Dans *La Retraite*, elle nomme « Casamène » cette maison, où « *la vigne vierge anémie sournoisement les glycines* », mais où « *une treille de muscat noir, mystérieusement nourrie, s'est élancée, vigoureuse, a noyé un poulailler de pampres, de vrilles, de raisins d'un bleu de prune qui s'égrènent déjà.* »

Jules Colette, qui a visité la propriété en 1901, dédie à sa fille un poème intitulé sobrement *Les Monts-Boucons*, qui commence ainsi :

> « *Au pays Franc-Comtois il est une demeure*
> *Que je voudrais nommer l'estivale maison.*
> *J'y voudrais savourer ma paix intérieure ;*
> *Ce serait de ma vie, une part : la meilleure !*
> *Et mes derniers beaux jours de l'arrière-saison*[1]. »

Hélas ! Quatre ans plus tard, le 17 septembre 1905, ce père très aimé meurt loin d'elle, dans la maison de Saint-Sauveur-en-Puisaye.

1. *Album Colette*, Gallimard, La Pléiade, 1984.

III

LA BRETAGNE AVEC MISSY

Le bonheur partagé ne durera pas. Dès le milieu de l'année 1905, Willy vend la belle propriété du Jura pour rembourser ses dettes. L'année suivante, le couple se sépare. Colette tente d'oublier sa peine en se donnant à fond dans une nouvelle passion artistique : le théâtre. C'est ainsi qu'elle rencontre Missy[1], l'énigmatique et masculine Mathilde de Morny, avec laquelle elles font scandale par le spectacle de leur liaison affichée et de pantomimes trop suggestives.

Au cours de ses longues tournées provinciales, elle écrit souvent à sa mère et lui envoie des cartes postales de ses étapes. À Bordeaux, par exemple, en 1909, elle n'omet pas

1. Mathilde de Morny (1863-1944), dite « Missy », dernière fille du duc de Morny et de son épouse la princesse Sophie Troubetzkoï, a fasciné et scandalisé la Belle Époque. Elle est immortalisée dans deux romans de Colette, au masculin dans *La Vagabonde* (Ollendorff, 1910) et au féminin dans *Le Pur et l'Impur* (Aux armes de France, 1941).

de signaler « *le charme nouveau de ce vin capiteux* » ou bien encore « *le bienfait de ces illustres bouteilles* ». En 1910, elle note « *les délices trop courtes et les vins incomparables*[1] » du Chapon-Fin, restaurant qui tient encore le haut du pavé aujourd'hui.

C'est d'ailleurs en cette année 1910 que Missy offre à Colette une belle maison bretonne, entre Cancale et Saint-Malo, « Rozven ». C'est une magnifique propriété de neuf hectares d'un seul tenant, au-dessus d'une baie bordée d'une superbe plage de sable dominée par de beaux rochers, à deux kilomètres de Saint-Coulomb, près de Saint-Malo. Une source permet d'entretenir des arbres fruitiers et une grande plantation d'essences variées, à l'abri d'une petite forêt. En compagnie de Missy, Colette découvre les délices des embruns, la beauté des algues ruisselantes, des grèves argentées et l'odeur de la marée. Missy l'emmène à la pêche au filet tendu et au carrelet tout en l'initiant aux plaisirs de la dégustation des crevettes et autres bulots, ainsi que des fruits de la pêche en friture. À l'heure du déjeuner, le cidre remplace parfois le vin pour arroser les cochonnailles bretonnes et les andouilles de Vire fumées, hors-d'œuvre consistants qui précèdent les plats de crustacés – homards,

1. *Colette en tournée*, Persona, 1984.

langoustes, langoustines, araignées – que Colette est allée choisir le matin chez ses amis pêcheurs.

Elle ne perd jamais l'occasion d'en enrichir ses écrits : « *Le thé la suit de près, et le cidre mousseux, et des crêpes brûlantes, dorées, et le parfait beurre salé qui, sous le couteau, crache des perles de petit-lait*[1]. »

« Rozven », la belle maison de granit, « *ce perchoir entre le ciel et l'eau* » sur un promontoire à fleur de bateau, reste entre les mains de Colette après sa séparation de Missy qui n'en est pas la propriétaire officielle. Leur attachement ne faiblira jamais, jusqu'à la disparition de Mathilde, en 1944, mais leur liaison ne résiste pas longtemps car Colette rencontre bientôt celui qui deviendra son second mari, le séduisant Henry de Jouvenel, journaliste et homme politique. Désormais elle n'y séjourne que pour les vacances et y convie ses amis les plus proches, Francis Carco, Germaine Beaumont, Léopold Marchand, Hélène Picard. Ces plaisirs de recevoir, de lézarder, d'ignorer les strictes conventions, Colette va se les octroyer jusqu'en 1925. Délaissée par son mari, elle ne résiste pas au charme de son beau-fils, Bertrand de Jouvenel. De leur amour partagé elle va tirer en 1923 un de ses plus grand succès, *Le Blé en herbe*, porté à l'écran trente ans plus tard par Claude Autant-Lara avec Edwige Feuillère dans le rôle de Madame Dallerey, la dame en blanc, avatar de Colette.

1. *À portée de la main*, Flammarion, 1949.

Elle reviendra de temps à autre dans cette Bretagne qu'elle a beaucoup aimée, chez son ami Léopold Marchand, dramaturge et scénariste, avec lequel elle travaille à l'adaptation théâtrale de *Chéri* et de *La Vagabonde*, ou à Camaret, alors lieu de villégiature prisé, séjournant au Grand Hôtel de la Pointe des Pois.

IV

LA CORRÈZE AVEC HENRY DE JOUVENEL

Mariée à Henry de Jouvenel en 1912, la romancière donne naissance à son unique enfant, Colette de Jouvenel, le 3 juillet 1913, qui sera élevée dans la propriété familiale des Jouvenel, le château de Castel-Novel à Varetz, près de Brive-la-Gaillarde, par une nurse anglaise, austère et acariâtre. Protégée de la guerre, la petite Bel-Gazou (« beau gazouillis » en patois provençal), ainsi surnommée comme le fut Colette par son père, grandit au milieu de la nature si chère à sa mère, qui s'empresse de lui rendre visite dès que les contraintes professionnelles de son époux le lui permettent. Lorsqu'elle peut s'attarder davantage, elle en profite pour faire venir ses amis et les nourrit à satiété avec tout ce que la région compte de victuailles roboratives. En automne, lorsqu'elle est présente, Colette n'hésite jamais à prêter main forte à ses voisins et vient grossir les rangs des vendangeurs pendant quelques jours. Le vin local, qui se boit plutôt jeune et que l'on ne stocke pas dans des fûts de chêne comme en Bordelais, est « *dur à la bouche comme un juron* » mais régénère les corps et délie les langues. Henry de Jouvenel, devenu sénateur de la Corrèze avant d'être nommé ambassadeur de France en Italie, reçoit beaucoup, permettant à Colette de se réjouir à régaler ses hôtes, que ce soit au château de Castel-Novel ou boulevard Suchet à Paris où vit le couple. Mais l'homme politique au pouvoir grandissant est aussi un séducteur patenté et ne sait pas résister aux tentations amoureuses, faisant écrire à sa bien-aimée : « *Je ne suis qu'un chœur alterné d'allégresse et de lamentations* ».

Cette période reste propice à l'écriture pour Colette qui fait paraître une dizaine d'ouvrages, malgré ses nombreuses occupations et de multiples obligations. Sans parler des sollicitations qui lui sont adressées pour signer des articles dans la plupart des journaux de l'époque. En 1924, elle est appelée à figurer dans le numéro quatorze et dernier *Album Mariani*, du nom de leur mécène et éditeur, entré dans la légende comme créateur d'un exceptionnel vin tonique [1].

1. Préparateur en pharmacie de formation, Angelo Mariani a développé en effet à partir de 1863 une boisson à base de vin de Bordeaux et d'extrait de feuilles de coca aux vertus stimulantes, commercialisée sous le nom de « vin tonique Mariani à la Coca du Pérou ». Celle-ci connaît immédiatement un succès fulgurant et fait la fortune de son inventeur qui s'entoure des plus grandes célébrités de son temps pour en faire « la réclame ». Ce qu'il convient de reconnaître comme une drogue restera autorisé en France jusqu'en 1910 – à cette époque le célèbre vin contenait sept milligrammes de cocaïne par bouteille, soit l'équivalent d'une ligne de cocaïne pure. C'est cette boisson bien française qui a inspiré aux États-Unis le docteur Pemberton : celui-ci créa en 1885 le French Wine Coca, ancêtre du Coca-Cola, transformé en boisson non alcoolisée et non cocaïnée en 1906 à cause de la Prohibition !

Sa notoriété et sa puissance financière étaient telles qu'il a pu jouer au philanthrope pour publier, à travers quatorze luxueux volumes, des portraits gravés à l'eau-forte, agrémentés de notices rédigées par ses amis, les frères Octave et Joseph Uzanne. Chacune des personnalités admises à y figurer est invitée à vanter le fabuleux élixir sous forme d'un texte autographe, et personne n'hésite alors à mentionner la coca, du moins dans les premières années ! Colette, sous la gravure la représentant en train de lire ou d'écrire, s'exclame : « *Un verre de Mariani – ou deux – ou trois… On se sentirait Faune à moins !* » Gounod glorifie la boisson salvatrice : « *Bienfaisant révélateur de cet admirable vin à la coca du Pérou qui a si souvent réparé mes forces.* » Victorien Sardou : « *Il est parfait en vérité ce vin qui rend la santé.* » Alexandre Dumas fils : « *De vos douze flacons j'ai la bouche ravie, le vin c'est la santé, l'élixir c'est la vie.* » Jean Richepin rimaille : « *J'adore la coca, j'adore aussi le vin ; donc le vin de coca m'est doublement divin.* » À l'époque de Colette, quelques années plus tard, on ne peut plus glorifier la coca, désormais interdite, mais on ne se prive pas de célébrer sa tonicité et ses bienfaits pour la santé.

Deux des maris de Colette ont eu également l'honneur de figurer dans ce Panthéon littéraire. Willy, en 1902, écrit pour le septième *Album* : « *Il vous rend ce vin, partout, infatigable. Aussi, j'en bois.* » Henry de Jouvenel, dans le même album que Colette, le quatorzième, parle d'élixir de jouvence : « *On parle beaucoup de rajeunir la Constitution. Le seul homme d'État qui y soit parvenu jusqu'ici s'appelle Mariani.* » Dans le même style, le président du Conseil Édouard Herriot exhorte ses concitoyens : « *Le vin Mariani nous donne le courage nécessaire pour mener à bien notre tâche.* » Même Pétain, le grand chef de la Première Guerre mondiale, n'hésite pas à expliquer comment la France a réussi à vaincre ses coriaces adversaires : « *Les Français devaient gagner la guerre puisqu'ils avaient pour eux le Coca Mariani, le roi des pinards.* » Il en aurait sans doute eu bien besoin en 1940 !

Quant à Bel-Gazou, elle se retrouve, enfant, dans un vaste château de province, livrée aux « bons soins » d'une gouvernante qu'elle déteste : « *Nursie Dear était de la race tendre que la chasteté incline aux châtiments corporels, de la race qui a le sens du civisme, veut la pudeur des sentiments et la discipline* », écrit-elle dans son journal intime [1]. En fait, la petite est condamnée à guetter sans cesse les trop rares retours de ses parents et à les idéaliser. Plus tard, à l'heure de l'école, elle est mise en pension, tandis que Colette, qui n'a guère apparemment la fibre maternelle, poursuit ses travaux de journalisme et l'écriture de ses romans dans lesquels elle met en scène sa fille. Cependant, la petite Colette

1. *Colette de Jouvenel en Corrèze*, François Soustre, Descartes, 2012.

adore vivre dans cette campagne : « *Pour moi, la Corrèze recèle une invraisemblable quantité de prodiges. Quoi d'étonnant puisque, vous le savez, c'est le lieu de mon enfance, son odeur, sa chaleur, son parler [...]. Le plus révélateur de ma fixation à la Corrèze, ce sont mes rêves nocturnes, peuplés de promenades dans Castel-Novel et autour. Je hante Curnemonte comme un fantôme amical, je me retrouve à l'école de Varetz. Je rêve également que la providence me fait vivre si vieille que j'ai encore le temps d'élire demeure en " mon " pays pour finir le reste de mon âge*[1]... »

1. Interview dans *La Montagne* par François Soustre, octobre 1978.

V

VOYAGES AVEC BERTRAND DE JOUVENEL

Dans un roman composé en 1920, Colette raconte une liaison peu conformiste entre Léa, une courtisane d'une cinquantaine d'années, et Frédéric, un jeune homme que cette croqueuse d'hommes appelle « Chéri ». Une intrigue semblable à celle du *Blé en herbe*, que l'on sait largement inspirée de sa propre histoire avec Bertrand de Jouvenel, adolescent alors qu'elle est quarantenaire. Consciente que leur différence d'âge condamne leur relation, elle se sépare de lui à grand mal. L'ivresse, que le champagne communique si rapidement, fait partie de cet univers troublé par les vapeurs de l'adultère. C'est le pommery qui semble recueillir toutes les faveurs des protagonistes :

« *Tu bois quoi, depuis que tu es marié? demanda Desmond. De la camomille?*

- Du Pommery, dit Chéri.

- Avant le Pommery?

- Du Pommery, avant et après ! Et il humait dans son souvenir, en ouvrant les narines, le pétillement à odeur de roses d'un vieux champagne de mille huit cent quatre-vingt-neuf que Léa gardait pour lui seul... »

La plume de Colette est merveilleusement taillée pour transcrire le principe et la couleur du champagne : c'est l'or qui le caractérise le mieux. « *La vigne, le vin, sont de grands mystères. Seule, dans le règne végétal, la vigne nous rend intelligible ce qu'est la véritable saveur de la terre. Quelle fidélité dans la traduction ! Elle ressent, exprime par la grappe les secrets du sol. Le silex, par elle, nous fait connaître qu'il est vivant, fusible, nourricier. La craie ingrate pleure, en vin, des larmes d'or*[1] », écrit-elle.

Ce vin de Champagne, baptisé « vin du diable » à cause des bouteilles qui explosaient sous la pression, doit sa notoriété à une femme, la veuve du fondateur Louise Pommery. C'est elle qui, reprenant les rênes de la maison et acquérant un domaine de cinquante hectares, en fit un véritable empire. Sa fille, mariée à Guy de Polignac, perpétua aussi une tradition de mécénats.

À travers Henry de Jouvenel et son fils Bertrand, Colette a pu réaliser un fantasme : aimer l'homme dans sa maturité et dans sa jeunesse à la fois. Elle est pleinement épanouie pendant ces belles années. Colette s'en explique : « *J'ai sim-*

1. *Mélanges*, Colette, Éditions de Crémille, 1971.

plement voulu dire que lorsqu'une femme d'un certain âge a une liaison avec un très jeune homme, elle risque moins que lui d'en demeurer marquée ineffaçablement. Lui, il a beau faire, à travers toutes les liaisons qui suivront, il ne pourra manquer d'évoquer le souvenir de la vieille maîtresse[1]. »

Cette passion coupable qu'elle entretient avec Bertrand de Jouvenel durant près de cinq ans survit un an à la séparation de Colette et de son mari au début de l'année 1924, jusqu'au mois de mars 1925. Ce fils d'Henry de Jouvenel, né de son premier mariage avec Claire Boas, a compté tard dans la vie de l'écrivain, il a été son accompagnateur jusqu'à ce qu'elle saisisse une autre main, celle de Maurice Goudeket, son consolateur et son chevalier servant lors de nombreux séjours à la mer ou à la montagne et de voyages à l'étranger. Ensemble, ils partent aux sports d'hiver, parcourent l'Algérie, la Suisse, la Bretagne, la Normandie, le Midi de la France – Monte-Carlo, Marseille –, les Pyrénées – Foix, Cauterets, Saint-Jean-de-Luz –, l'Auvergne – Royat, La Bourboule.

C'est en revenant d'une de ces escapades avec Bertrand qu'elle donne un court texte, *Voyages*, dans le célèbre agenda illustré PLM, édité par la compagnie des chemins de fer de Paris à Lyon et à la Méditerranée pour encourager les clients à voyager en toutes saisons. Elle y décrit sa passion

1. Interview dans *Nouvelles Littéraires* citée par Michèle Sarde dans *Colette libre et entravée*, Stock, 1984.

pour le Midi, Monte-Carlo et cette Côte d'Azur « *déchiquetée, rongée par le sel, bordée d'une écume qui retient dans sa dentelle un peu de ce qu'a balayé, traînant sur des régions comblées, la frange terminale d'une nation : fruits, fleurs, surgeons de vigne, verdures qui pressentent l'Afrique...* » Naturellement, sa région natale n'est pas très loin, la vigne, et le vin non plus : « *Il est loin, le temps où, vouant à ma Bourgogne natale un culte exclusif – la Puisaye, l'Yonne, Auxerre, Dijon tout imprégné de noblesse vinicole – je ne jurais que par ces dieux révérés !* »

Bertrand de Jouvenel a attendu la disparition de l'écrivain avant de parler de cet amour interdit, né alors qu'il avait seize ans : « *Aucun auteur n'a été plus obstinément méconnu. On l'a représentée comme la vicieuse initiatrice de plaisirs purement charnels, et il est juste de dire qu'en sa pleine vitalité, elle a cueilli les fruits de la terre avec avidité, sans rejeter ceux qui étaient défendus, mais ceci n'est que la part la moins importante de son histoire. L'amour a deux visages Agape et Eros, l'un est profonde compréhension et reconnaissance de ce qui est aimable, l'autre est acharnement à le saisir. Il n'est pas facile de les séparer. Colette possédait pleinement le premier et là réside sa grandeur; pour le second, elle a amplement expié*[1]. »

1. *Colette*, Bertrand de Jouvenel, *Time and Tide*, 14 août 1954, cité par Michèle Sarde, op. cit.

Elle n'a pas eu de garçon mais, sur les plaisirs de la vie, cette hédoniste n'hésitait pas à donner des conseils aux enfants d'Henry, Bertrand et Renaud : « *Si j'avais un fils à marier, je lui dirais : " Méfie-toi de la jeune fille qui n'aime ni le vin, ni les truffes, ni le fromage, ni la musique*[1]. " »

1. *Paysages et Portraits*, Colette, Flammarion, 1958.

VI

LA PROVENCE AVEC MAURICE GOUDEKET

1925 est une année importante pour Colette. Sa relation cachée avec Bertrand de Jouvenel s'est éteinte aux fiançailles de ce dernier. Son divorce de Henry de Jouvenel a été prononcé. La voici à nouveau libre, et toujours séduisante, alors qu'elle vient de fêter ses cinquante-deux ans. Elle n'hésite pas à se laisser charmer par d'autres prétendants jusqu'à ce que Maurice arrive. Maurice Goudeket, « *le chic type à la peau de satin* », amoureux de la littérature, serein et cultivé, devient son nouveau compagnon, puis, dix ans plus tard, son troisième et dernier mari. Comme elle en a souvent émis le désir, Maurice lui fait changer d'univers. Elle avait coutume de dire que les pays natals de la femme étaient aussi nombreux que ses amours heureuses. Celui où elle va renaître pour les beaux yeux de Maurice sera la Provence, après la Corrèze d'Henry, la Bretagne de Missy et le Jura de Willy. Elle vend très vite sa villa bretonne de Rozven pour acquérir, près du petit port nonchalant de Saint-Tropez encore vierge de touristes où l'a entraînée son nouvel amoureux, une belle petite propriété de deux hectares plantée de vignes, de forêts et de vergers. Son rêve !

Son nom ? Évidemment « La Treille Muscate » ! Pourquoi ? Tout simplement parce que l'ancien propriétaire lui a conté l'histoire de la vigne du domaine, notamment celle de ce vieux cep de raisin muscat qui recouvre la margelle du puits. Elle a aussitôt rebaptisé la villa de « Tamaris-les-Pins » pour ce nom plus approprié et plus chantant. Pendant une douzaine d'années, Colette en fait son nouveau refuge. Voici comment elle le présente dans la plaquette, *Première treille muscate,* illustrée par son ami, le peintre André Dunoyer de Segonzac : « *Deux hectares, vigne, orangers, figuiers à fruits verts, figuiers à fruits noirs ; quand j'aurai dit que l'ail, le piment et l'aubergine comblent, entre les ceps, les sillons de la vigne, n'aurai-je pas tout dit ?[...] Derrière la maison, c'est la vigne encore, puis un rempart de faux bambous, flexible muraille provençale contre laquelle le mistral bute, se redresse et chante, courroucé. [...] C'est la mer qui fournit à la vigne ce sol friable et salé dont le cep se sustente mystérieusement.* »

C'est là qu'elle est sollicitée en 1929 pour faire la promotion du Bourgogne « de marque ». Elle accepte de rédiger une plaquette publicitaire pour la maison Chauvenet de Nuits-Saint-Georges qui sera publiée au mois d'août 1929. À cette occasion, elle se promène dans les vignobles de

Gevrey-Chambertin et Pommard et visite les caves Chauvenet, accompagnée du directeur de la maison et d'un photographe. Les clichés tirés ce jour-là, notamment celui de l'écrivain dégustant au tastevin, sont restés célèbres.

Son article de deux pages, titré « En Bourgogne, dans les vignes du Seigneur », utilisé dans de nombreuses plaquettes éditées par la maison Chauvenet, met en avant les éleveurs – ceux qui réalisent des assemblages – plutôt que les viticulteurs – ceux qui produisent les grands crus. Ce texte remanié et édulcoré sera inséré quelques années plus tard dans le recueil *Prisons et Paradis* sous le titre « En Bourgogne » : « *Sous l'arc des voûtes, sous le salpêtre scintillant, sous les longues stalactites de toiles d'araignées, "la marque" travaille au chaud, dans la tiédeur de ses treize constants degrés centigrades. [...] Nous faisons visite, aujourd'hui, à la dissidente qui affronte le Cru, à la Firme qui vend du vin bourguignon : "Analysez-moi, goûtez-moi, dit-elle. Mes vins charrient l'or et le rubis classiques, ils sont purs de mésalliance. Je me rebelle contre les caprices solaires, les disettes imprévues. J'amasse des vins qui sont originaires des vignobles de Bourgogne. Je groupe, fidèles et épars, des cadets généreux que le Cru, lorsqu'il ne les réquisitionne pas, traite de bâtards sans honneur..." On trouvera que je traduis, que je résume en des termes tant soit peu lyriques. Mais comment parler froidement, quand il s'agit d'une gloire nationale, du vin de Bourgogne*[1] *?* »

Or cette mode du vin de marque sera éphémère dans une région où seul le cru fait référence, à la différence de la Champagne. De surcroît, les vins dont il s'agit de faire la promotion, baptisés « Red Flag » et « White Flag » pour tenter de séduire une clientèle américaine et canadienne, sont des assemblages de diverses origines, pas forcément bourguignonnes d'ailleurs.

Aussi, le texte de Colette fait réagir Louis Fyot, bâtonnier de l'Ordre des avocats de Dijon, qui plaide en faveur d'une délimitation de la Bourgogne viticole : « *Très astucieusement nos "champagnisateurs de la Bourgogne" ont eu recours, pour lancer leurs produits fabriqués, à la délicieuse Colette, qui dans une revue à la mode de ce temps avait proclamé au monde entier que les vins de Bourgogne ne seraient plus désormais œuvre des viticulteurs mais bien œuvre d'éleveurs…* » Gaston Roupnel, philosophe, professeur à l'université de Dijon et propriétaire à Gevrey-Chambertin[2], suit Louis Fyot dans sa démarche et rédige une réponse acerbe à Colette qui paraît dans le journal dijonnais *Le Bien Public* : « *Colette, c'est à vous que j'en veux ! Ce vin-là qui vous criait son sang, son cru,*

1. « En Bourgogne dans les vignes du Seigneur », Vu, n° 55, 3 avril 1929.
2. Gaston Roupnel (1871-1946), proche de Gaston Bachelard, a publié de nombreux ouvrages, notamment sur l'histoire de la ville et de la campagne française. Sa femme, Suzanne, est une authentique vigneronne de ce célèbre cru bourguignon.

vous l'avez tenu dans la coupe de votre verre. [...] Et Colette de déverser là-dessus les torrents de son lyrisme! Dans cette poésie-là, on ne chante plus le Clos-Vougeot ou le Romanée... on célèbre, on exalte la maison de commerce. [...] Avec vous le vin n'est plus un cru, un lieu ennobli de tradition, d'histoire, investi de souvenirs. [...] Il est "du vin" ; il n'est plus "un" vin. [...] Être un limpide Corton ou un généreux Meursault... et finir "White-Flag" ! Être un vieux Vosne ou un délicat Morey et tomber "Flag" ! Même "Red-Flag" ! C'est un peu raide tout de même! [...] Tout ce que j'en dis là, d'ailleurs, n'est point pour surexciter des esprits déjà trop alarmés. Mais je suis bien certain qu'en Bourgogne, nombre de nos vieilles maisons de vins sont les premières à désavouer une campagne qui est une œuvre de profanation et de ruine. [...] Ce n'est pas impunément, en effet, que nous ruinerions l'antique tradition qui donne à nos vins leur origine et leur noblesse, noms de "crus", des noms dont chacun crie la loyauté d'un petit coin de terre et sa gloire dans le monde entier. »

Cet article de Gaston Roupnel sera lu devant le tribunal lors du procès qui aboutit en avril 1930 à la délimitation de la Bourgogne viticole, remaniée ultérieurement en 1960. Ainsi, les viticulteurs qui, pour lutter contre la fraude, voulaient cesser de vendre leur vin en vrac aux sociétés de négoce, peuvent créer leurs propres appellations – quatre-vingt-quatre aujourd'hui – et mieux faire face aux conséquences de la crise de 1929, qui touche durement l'économie viticole. Colette contribua donc indirectement à cette reconnaissance territoriale [1].

C'est dans la belle propriété méridionale de « La Treille Muscate » qu'un accident va malheureusement bouleverser le reste de la vie de Colette. Au début du mois de septembre 1931, elle part avec Maurice se baigner aux Salins, auxquels on accède en voiture par un étroit sentier qui borde la plage. Afin de guider Maurice dans une manœuvre délicate, Colette descend du véhicule et, reculant inopinément, elle n'aperçoit pas le fossé étroit et profond rendu invisible par l'herbe envahissante. Sa jambe droite s'y enfonce tout entière et son talon heurte violemment le fond de la rigole. La fracture du péroné est nette et se répare normalement avec le temps. Mais la lésion s'est répercutée sur la hanche où se logera, des années plus tard, l'arthrite qui la fera tant souffrir. Une vingtaine d'années de douleur pour un instant d'inattention.

De nombreuses personnalités du monde des arts et lettres sont conviées à la Treille. L'écrivain André Billy la

1. Cet épisode de la guerre entre « éleveurs » et viticulteurs est tiré du mémoire *Mythe et Littérature, Colette, un vin d'écrivain,* rédigée par Marie-Laure Chamussy-Bouteille pour son diplôme *Vin et Culture* obtenu en 1996 à l'institut Jules Guyot de l'université de Bourgogne, qui lui a valu le prix Coup de cœur de l'Académie Amorim en 1998. Il est publié ici avec son aimable autorisation.

décrit merveilleusement : « *Sa maison n'est pas située sur les quais de cette vieille ville maritime, illustrée par le bailli de Suffren et que le peintre Dunoyer de Segonzac et ses amis de Montparnasse ont mise à la mode. […] Pour aller chez Colette, il faut, par une route blanche et généralement défoncée, sortir de la ville et gagner les vignes en pente sur un coteau*[1]. » Son ami, André Dunoyer de Segonzac, raconte : « *Vers midi, nous nous retrouvions sur la plage des Salins. […] Après le bain, Colette me retenait souvent à déjeuner en attendant la pose de l'après-midi. La table était servie sur la terrasse, à l'ombre d'une treille couverte de glycine et de vigne*[2]. » C'était la gardienne de la villa, madame Lamponi, qui préparait les repas, toujours accompagnés de « frais rosé de Saint-Tropez », quand Pauline[3], la gouvernante de Colette depuis 1916, était absente.

Colette, qui s'est liée d'amitié avec le professeur Henri Mondor[4], lui écrit régulièrement. Ils évoquent leur passion pour la littérature et la poésie, notamment celle de Mallarmé que Colette trouve un peu hermétique : « *Je sais donc*

1. *Annales politiques et littéraires*, 1er novembre 1929.
2. *Le Figaro Littéraire*, 24 janvier 1953.
3. Pauline Vérine, gouvernante et cuisinière, est entrée au service de Colette en 1916, époque de son mariage avec Henry de Jouvenel à Castel-Novel. Âgée alors de quatorze ans, Pauline devait seconder la nurse Miss Draper qui s'occupait de la fille de Colette. Elle restera trente-huit ans au service de sa patronne dont elle disait : « *Madame Colette écrivait mieux quand elle avait bien mangé* ».
4. Henri Mondor (1885-1962), historien de la littérature spécialiste de Mallarmé, est aussi un grand chirurgien qui a opéré Colette de Jouvenel, la fille de Colette, mais aussi Colette Wyler, sa nièce, ainsi que Willy, le frère de Maurice Goudeket.

maintenant (je l'ai vu si peu, gris chinchilla) qui est Mallarmé. C'est vous. Ne le niez pas. Vous êtes Mallarmé en plus considérable. C'est pourquoi désormais je m'attache à lui. Non que je le comprenne au-delà de quelques vers – les plus faciles naturellement – mais maintenant je vois que je puis aimer cet homme qui a été pur[1]*…* »

Mais, surtout, sa propriété provençale lui fournit l'occasion de s'occuper de ses vignes, au point de s'investir elle-même dans leur culture. Au mois de janvier, après les fêtes de Noël – elle a pris l'habitude d'assister à la messe de minuit aux Baux-de-Provence –, Colette reste parfois quelques jours pour participer à la taille de la vigne, moment crucial de sa future évolution. Ensuite, à la fin de l'été, elle est ravie de donner un coup de main à son équipe de vendangeurs pour engranger sa production. Elle veille sur tout, choisit les assemblages de cépages pour assurer le bon rendement, décide de la production annuelle – qui est souvent proche des deux mille litres – et apprend très vite la différence entre « le luxueux picardan » et « le muscat blanc doré » ou entre la clairette « rosée et blonde » et le « grain ovale de l'olivette ». En plus de ses vingt hectolitres de vin rouge, elle produit quelques bonbonnes de vin blanc sec ambré et quelques dizaines de litres de rosé « couleur groseille », qui viendront étancher la soif de ses amis estivants.

1. *Lettres à ses pairs*, Flammarion, 1973.

Elle fait aussi du ratafia et n'oublie pas pour les fins de repas de mettre en bocaux quelques raisins confits à l'eau-de-vie.

Sa fille la rejoint parfois à la saison estivale. En 1935, à vingt-deux ans, Colette de Jouvenel, suivant l'exemple de sa mère qui vient d'épouser Maurice Goudeket et de Renaud, son demi-frère qui a épousé Arlette, la fille de la nouvelle femme de son père, épouse un médecin. Elle en divorce quelques mois plus tard et s'éloigne de Colette. Elle la retrouvera plus tard, au Palais-Royal. Mais peut-on vraiment guérir des blessures infligées par une mère qui écrit dans *L'Étoile Vesper* en pensant à sa propre mère, Sido : « *Elle n'aurait pas ignoré, elle, le caractère accidentel de ma maternité.* » Bel-Gazou, après la mort de l'écrivain, mènera une vie, papillonnant d'amours féminines en voyages dans des tourbillons de luxe, tout en demeurant la gardienne exemplaire de la mémoire de sa mère.

Le travail passionné de Colette dans sa vigne s'est poursuivi jusqu'en 1938 où, les touristes devenant trop envahissants et les curieux trop importuns – le Front populaire était passé par là, lâchant des flots d'estivants impatients de découvrir la Côte d'Azur et ses charmes –, elle dut se résoudre à se séparer de son havre tropézien, mais surtout de ses plaisirs viticoles. En juin 1939, c'est l'acteur Charles Vanel qui acquiert la belle villa pour la revendre quelques mois plus tard.

VII

À L'EAU ?

Est-ce parce qu'elle ne fabrique plus son vin ? Est-ce par nostalgie ou par goût soudain pour ce breuvage qu'elle trouvait insipide auparavant ? Se souvient-elle de ces cures salvatrices qui ont pendant quelques semaines, voire quelques mois, permis à son corps fatigué de se régénérer ? « *L'eau, c'est pour la soif. Le vin, c'est selon sa qualité et son terroir, un tonique nécessaire, un luxe, l'honneur des mets* », écrit-elle dans *Prisons et Paradis.*

En réalité, une commande la détourne, le temps d'un verre, de son élixir favori et de ses bienfaits, l'ivresse qu'il procure, la légèreté avec laquelle on s'y abandonne. En 1938, la société Perrier de Vergèze dans le Gard s'adresse à quelques écrivains, Francis Carco, Pierre Mac Orlan, Curnonsky et Colette, afin de relancer la marque et lui donner ses lettres de noblesse. Prenant ce travail à cœur comme toujours, voici ce que la Bourguignonne écrit : « *Il est moins pénible de boire un verre de vin médiocre que d'avaler une gorgée d'eau fade. C'est à la qualité de l'eau que notre palais réserve ses délicatesses. Loin de m'ôter la subtilité qu'il faut pour apprécier les différents « crus » de l'eau, l'amour que j'ai pour le vin l'a développée. Nous autres, amis du bon vin, nous savons boire l'eau saine en dehors des repas, et à grands verres.* » Comme on le voit, Colette ne s'éloigne jamais vraiment de sa boisson favorite, même lorsqu'elle parle de l'eau. Elle a réussi à glisser dans les premières lignes de cette plaquette trois allusions au vin ! Et de conclure lorsqu'elle décrit la célèbre eau pétillante : « *Une eau qui bondit quand on la débouche… Une eau qui rit. Une eau qui est dans la bouche comme une gorgée de champagne et une poignée d'anguilles*[1]. » Et le vin de Champagne qu'elle n'a pas oublié !

Après avoir vendu la « Treille », elle décide d'emménager avec Maurice au 9 rue de Beaujolais. De 1926 à 1930, elle y a vécu dans son « tunnel », l'entresol sombre et inconfortable où elle a cependant beaucoup écrit. Mais cette fois, en 1938, la voilà au premier étage, dans sa « seigneurie retrouvée » qui bénéficie d'une vue exceptionnelle sur les jardins du Palais-Royal qu'elle ne quittera que pour sa dernière demeure, au mois d'août 1954. Elle a bien acheté, avec l'aide de Maurice, une maison de campagne à Méré, près de Montfort-l'Amaury. Mais, le 2 septembre 1939, l'Allemagne envahit la Pologne, déclenchant la Seconde Guerre mondiale qui les oblige à revendre leur nouvelle acquisition et

1. « Variation sur le champagne des eaux de table », *L'Illustration*, 27 août 1938.

« *son incomparable jardin* » qu'elle n'a guère eu le temps d'apprécier vraiment. Le « Palais-Royal » reste le domicile le plus important à nos yeux car c'est là que le personnage de la femme de lettres s'est édifié. Même clouée sur son « lit-radeau », elle va dominer son monde, recevoir les personnalités du Tout-Paris et devenir l'un des écrivains les plus célèbres de son temps.

Pendant la drôle de guerre, puis l'Occupation, Colette se fait discrète, passant de l'appartement du Palais-Royal au château de Curemonte en Corrèze, chez sa fille qui, devenue une jeune femme épanouie, après des années ingrates en pensionnat, loin de ses parents, et un mariage malheureux, est engagée dans la Résistance. Les temps deviennent difficiles, les restrictions se durcissent et l'alimentation quotidienne devient très vite la préoccupation de tous les Français. Colette trouve plusieurs solutions chez des « anges nourrisseurs ». D'abord chez ses « petites fermières », Thérèse Sourisse et Yvonne Brochard [1], puis chez « le Petit Corsaire », sa correspondante Renée Hamon qui lui envoie des produits de sa région, et d'autres encore qui assurent son marché [2].

Au mois d'avril 1944, alors que les privations accablent le pays, Colette ne renonce pas à sa passion pour le « lait

1. Elle a correspondu pendant une vingtaine d'années avec Yvonne Brochard et Thérèse Sourisse. *Lettres aux petites fermières*, Castor Astral, 1992.
2. Lire sur le sujet *Lettres aux petites fermières*, op. cit. et *Lettres au Petit Corsaire*, Flammarion, 1963.

d'automne » et cherche à s'approvisionner tous azimuts. Pierre Moreno sera l'un de ses fournisseurs, tout comme Henri Mondor qu'elle remercie de lui avoir fait parvenir un peu du précieux nectar dont elle raffole : « *Bonnes Pâques! C'est pour moi qu'elles sont bonnes, cher ami, grâce à vous : MM. Gaudermen et Pesin m'ont fait porter soixante bouteilles de vin rouge! À des prix qui défient toute concurrence : soixante bouteilles pour moins de mille francs*[1]. *Un gentil pinard rouge qui se boit comme un vin méridional qu'il est. Ne devrais-je pas écrire, à ces puissants dispensateurs, une lettre d'amour?* » Ces derniers, les établissements Gaudermen et Pesin, grossistes en vins et spiritueux, sont connus dans le monde des lettres pour organiser chaque année un dîner-débat avec des écrivains. Jules Roy, Louise de Vilmorin, Henri Mondor seront quelques-uns des présidents de cette manifestation.

Nouvelle commande, cette fois de la maison des vins Nicolas, célèbre caviste dont l'entreprise a été fondée en 1822, qui a assis sa renommée sur ses prix modiques et sur le personnage emblématique du livreur Nectar, croqué par des affichistes et par des peintres célèbres, Van Dongen, Derain, Buffet… Colette écrit un texte humoristique où elle rappelle une fois encore son amour du vin et sa connais-

1. Environ cent quatre-vingts euros! C'est effectivement un exploit en pleine Occupation de trouver des bouteilles à trois euros.

sance ancestrale : « *Depuis l'enfance, je connais le vin français et je le tutoie. À l'âge où l'enfant s'arrose, au goûter ou au dessert, de sirop de groseilles mouillé d'eau gazeuse, je tenais d'une main un joli petit verre en tulipe, rutilant d'un Bordeaux chambré qui fleurait la violette, à moins qu'illuminé d'un Yquem un peu huileux, il ne brillât comme topaze.* »

VIII

À BERCY, CAPITALE DU VIN, AVEC LUCIEN BROCARD

Lucien Brocard, né le 25 mai 1898, appelé sous les drapeaux à partir d'avril 1917, reste sous l'uniforme jusqu'en 1920. À son retour, il entre dans l'entreprise que son père a créée avec son capitaine de régiment en 1895, les établissements *Blanchard & Brocard*, un négoce de vins et spiritueux. Lucien les rebaptise ensuite *Vins fins Brocard*, puis *Brocard et Fils* lorsque Georges, né en 1925, viendra l'épauler à l'issue de ses études commerciales en 1950. Dans les années soixante-dix, Georges Brocard lance la mode du marketing dans le beaujolais nouveau en créant des bouteilles spéciales et des animations adaptées. C'est en quelque sorte le précurseur de la traditionnelle fête du beaujolais nouveau, célébrée le troisième jeudi du mois de novembre. C'est également un des premiers à exporter les vins français à l'étranger, notamment au Japon.

Lucien Brocard, bibliophile, entre en contact avec Colette et Maurice Goudeket dans les années 1940 par l'intermédiaire du libraire Pierre Berès. Aussi dans cette période de restrictions, Colette fait appel au négociant pour s'approvisionner en dives bouteilles. Elle lui écrit le 19 août 1941 la première des soixante-deux lettres qui sont parvenues jusqu'à nous [1] : « *J'ai le plaisir de vous envoyer ci-joint un chèque. Tâchez de m'envoyer un peu de vin blanc et rouge.* » Puis le 2 octobre, alors que le froid s'installe dans la capitale et que le charbon se raréfie : « *Je suis enchantée. Merci ! Ah ! Si vous étiez maître aussi du charbon, vous ne me laisseriez pas en peine ! Sept degrés ce matin au thermomètre. Sept degrés, c'est peu – même pour un vin. Je ne peux pourtant pas me chauffer au muscat cet hiver !* » Le 8 novembre, le problème n'est pas résolu. Colette gèle dans son appartement : « *Saint Brocard, au secours ! Venez en aide à un vieil écrivain, auquel la société des Gens de Lettres ne peut pas se manifester en charbon. Réchauffez-moi avec un peu de vin, et soyez cent fois béni !* » Une semaine plus tard, elle récidive : « *C'est d'un stylo timide que je vous interroge... Mais vous avez déjà compris, avant que je ne finisse ma phrase... Je n'en dis pas davantage. Sinon que je vous assure de mon sentiment sincèrement amical. Comment va ma petite amie*

1. Cette correspondance a été soigneusement conservée à l'abri des regards dans un coffret de la famille Brocard durant plus de soixante ans. Nous remercions cette dernière, et particulièrement Bertrand Brocard, petit-fils de Lucien, et ses sœurs Véronique Brocard et Hélène Perrette, qui ont mis à notre disposition ces précieuses lettres inédites de Colette adressées à leur grand-père. Cet ensemble fait l'objet d'une exposition, d'un spectacle et d'une publication (www.colette-et-levin.com).

Juliette[1] *? J'ai eu deux mois bien ennuyeux, rayons X, piqûres intraveineuses – tout ça pour cette sacrée arthrite de la hanche !* »

L'Occupation s'est imposée dans le pays avec la partition en deux zones. Le 12 juin 1942, Colette reprend la plume pour écrire à Lucien Brocard : « *Voici mon petit chèque. Il est moins grand que mon remerciement, car vous êtes très chic avec moi. Vous ne passez donc jamais dans mon quartier? Je sors peu, et j'aurais plaisir à vous serrer la main. Dans quelques jours j'espère vous envoyer mon nouveau livre.* » Le 18 septembre : « *C'est un bel et bon envoi que vous m'avez fait ce matin ! Je tiens à vous dire tout de suite notre joie et mon sincère remerciement. Une grande et amicale poignée de main. J'ai interrompu les rayons X, et je suis bien sûre que quelques godets d'honnête vin vont me rendre mes globules rouges !* » Le 15 novembre : « *Avant de vous connaître, je ne savais pas qu'une lettre commerciale pouvait être en même temps si touchante. Je ne sais comment vous remercier, mais j'accepte tout de même ce que vous voudrez bien m'envoyer, aussi bien en blanc et rouge qu'en honnête vin de l'Hérault, et j'imagine que ce dernier me sera également sympathique !* »

Cela fait maintenant un an et demi que les premières cartes de rationnement sont entrées en circulation. Le

1. Juliette est la sœur de Georges. Ce sont les deux enfants du couple Lucien et Marie Brocard, dite Suzanne.

16 janvier 1943, Colette commande des vins de Bordeaux à Lucien Brocard : « *Votre lettre me réjouit et me désole : Pauline me montre une carte veuve de tickets ! Elle me dit qu'on les lui a "coupés à la mairie" ??? Je ne comprends qu'une chose, c'est que je ne les ai pas. Qu'allons-nous faire ? Trouvez encore une fois le moyen de me sauver ! Naturellement nous prenons les Médoc. Mais dirais-je que c'était une goutte dans le désert ? J'attends votre inspiration et nous sommes bien amicalement à vous.* » Au mois de mars, elle arrose en même temps sa fête (6 mars) et son anniversaire (28 janvier) avec une belle bouteille offerte par Lucien Brocard : « *Cher ami (j'en ai assez de vous appeler Monsieur) aucun papier, – même celui-ci – n'est trop beau quand il s'agit de chanter la louange d'une certaine bouteille de Chambertin 33 que vous m'avez donnée pour mon anniversaire. Rien ne manquait à celle-là ; nous venons de la boire parce que c'est le 6 mars, jour de la Sainte Colette. Remarquez que je n'y ai aucun droit puisque Colette est mon nom de famille. Mais les occasions de se réjouir nous manquant, nous les faisons naître, et la bouteille a montré que très complète elle possédait ensemble velours et mordant. Viendrez-vous nous voir bientôt ? Le bibliophile vous attend, et tous deux nous sommes de bon cœur vos amis. J'embrasse Juliette, et je l'attends aussi.* »

Le 2 août, au cœur de la canicule estivale, elle s'inquiète : « *C'est vous qui me versez l'une et l'autre, cher ami. J'avoue encore une fois que nous sommes à sec. Savez-vous qu'il y avait sur cette belle façade sud du Palais-Royal, 38 degrés à 11 h. du soir deux jours de suite? C'est assez dur. Nous ne quittons pas Paris. Êtes-vous au frais? Juliette respire-t-elle sur une montagne? Reviendrez-vous nous voir bientôt? Vous voyez que je suis en forme de point d'interrogation, mais non pas « en forme » tout court, sortant à peine de 15 jours d'intoxication. Maurice se plaint de la disette des livres, mais sa bonne humeur et sa confiance dans le "meilleur devenir" sont imperturbables. Il se rappelle à vous sur le ton de l'amitié. Je m'excuse de gratter encore à la porte du chai, et j'embrasse toute la famille.* » Le 3 octobre : « *Eh! Cher ami, que je suis donc malade depuis des semaines! J'ai un protozoaire des tropiques, et le Dr Moutier n'en revient pas. Il traite mon cas de rarissime, et je me passerais bien du qualificatif; où ai-je pêché ces néfastes microscopiques? Vous voyez que je n'ai pas de poétiques aveux à vous faire. Et savez-vous ce qu'on m'ordonne comme tonique, parmi les quinine, quinoxyléine, quinicardine? Du vin sucré encore et toujours. Avec le séjour de ma fille à Paris, nous sommes bien dénués du « tonique », sucré ou non, et me voilà encore pendue à vous. Pauline me remet deux chiffres cabalistiques à votre intention, je les joins à ma lettre. Elle ajoute que le numéro de carte n'a pas changé. Voilà une lettre qui semble bien intéressée, mais j'espère que l'amitié s'y voit entre les lignes. Cher ami, partagez mon souvenir affectueux avec madame Brocard et Juliette. Est-ce que ce n'est pas décourageant à constater que je suis malade depuis juillet, et cloîtrée chez moi depuis sept semaines. Heu-*

reusement je vois le jardin, et le soleil ! Et Maurice est un bon compagnon qui se rappelle à vous. »

Une semaine après, elle réitère : « *Si vous voyiez comme j'ai meilleure mine ce soir… Et c'est la vérité vraie. Un vin rouge charmant ! Juste comme je l'aime. Et pour finir, un morceau de sucre au fond du verre, – ordonnance du médecin. Le blanc aussi est bien plaisant : j'aime les tendrons, et il n'aura pas le temps de se rider ! Cher ami, je n'aime pas dire que je suis malade, mais je le dis quand je vais mieux : la vérité est que j'étais malade depuis les premiers jours d'août. Merci de m'avoir encore une fois dépannée… et soignée. Mais il me faut aussi avoir une petite visite familiale ? Maurice Goudeket se plaint de ne jamais vous voir. Et j'embrasse de bon cœur toute la famille. Et je vous prie de ne pas rigoler de mon petit chèque ! Ce n'est vraiment pas ma faute s'il reste nain*[1] *!* » Et le 3 novembre 1943 : « *Je vois que contrairement aux bruits qui courent, le vin ne cesse pas de baisser ! Mais j'ai beau mettre toute ma crédulité en réplique à votre gentillesse, je n'arrive pas à le croire… Je ne puis que hocher la tête et vous traiter d'incorrigible, et me dire qu'il y a, dans la corporation des bibliophiles, de bien chics types. Quand revenez-vous rue de Beaujolais, où vous attendent, diversement occupés mais également amicaux, les livres ?* » Durant cette même période, elle écrit à d'autres passionnés de livres et de vins, les Guillermet.

1. Voir le cahier-photos central.

IX

LE BEAUJOLAIS
AVEC LES GUILLERMET

Jean Guillermet, né en 1893, est libraire dans les années 1930 à Villefranche-en-Beaujolais – devenue aujourd'hui Villefranche-sur-Saône. Cet humaniste averti, fin érudit, amoureux des beaux-arts, est aussi un philanthrope, qui s'intéresse de très près au sort de ses compatriotes vignerons, dans cette région du Beaujolais alors méconnue. Il décide un jour de les aider pour les sortir de la misère. Il crée sa propre maison d'édition, les Éditions du Cuvier, pour y publier des ouvrages de poètes et écrivains régionaux qui en célèbrent les attraits. Dans le même temps, afin d'encourager les viticulteurs à améliorer la qualité de leur vin et à mieux le vendre, il part en croisade pour faire connaître cette région, sa région, le Beaujolais. Il édite un almanach annuel vantant les qualités de ce terroir, ses divers atouts, notamment son vin. Il parcourt les congrès et autres foires viticoles en France et dans le monde pour prêcher la bonne parole, faire connaître et apprécier ce nouveau cru, totalement méconnu et absent de ces réunions.

Madeleine Guillermet, son épouse née en 1887, l'assiste avec discrétion, finesse et efficacité. Très cultivée, elle développe avec les gens de lettres une relation épistolaire régulière. Comme elle le fait avec Colette au cours de l'été 1943, où elle décide de l'inviter à séjourner dans sa maison de Limas située près de Villefranche-sur-Saône, au cœur des vignobles du Beaujolais. La correspondance qui suit parcourt les onze dernières années de la vie de Colette, celles où elle connut la souffrance de son corps qui peu à peu l'abandonnait, celles aussi où elle reçut tous les honneurs dus à l'écrivain, celles enfin de la sérénité retrouvée au sein d'un couple uni où la fidèle et indéfectible amitié a succédé à l'amour.

Le 11 novembre, la romancière inaugure cette longue correspondance en répondant à Madeleine qu'elle ne connaît pas encore : « *Quelle bonne lettre, madame! Et une si belle invitation... à laquelle je ne me rendrai pas. Ce n'est pas à cause de mes 71 ans proches que je ne puis venir; mais je souffre depuis de longs mois d'une arthrite de la hanche, consécutive à une fracture ancienne. Je ne suis plus bonne à vivre que chez moi, dans cet appartement du Palais-Royal, chancelant, gai et ensoleillé. Mais c'est un grand merci que je vous dois. Si vous avez quelque petit instantané de votre maison, de ses hôtes, du jardin, envoyez-le moi* [sic]. *Au besoin je vous les rendrai, après avoir fait, de loin, connaissance avec un bel endroit habité par de braves gens*[1]. »

Madeleine Guillermet lui envoie aussitôt quelques photographies de sa demeure, du chai, des vignes qui l'entourent et du grand parc. Ainsi débute une longue correspondance qui ne s'éteindra qu'avec la disparition de la romancière. Colette souffre de plus en plus de son arthrose à la hanche qu'elle confie aux aiguilles d'acupuncture du docteur Soulié de Morant, tandis que sa consœur, le docteur Marthe Lamy, essaie de déloger un protozoaire tropical, « *el señor Trichomonas* » écrit-elle à son amie l'actrice Marguerite Moreno. Le 26 octobre 1943, elle perd son « Petit Corsaire[2] », la « journaliste-reporter » bretonne, Renée Hamon, disparue prématurément à l'âge de quarante-six ans. La jeune femme, passionnée de voyage, a gagné l'amitié de Colette avec qui elle a entretenu une correspondance suivie pendant dix ans. Ce « *petit être solitaire* » lui inspire une émouvante nouvelle, *L'Enfant malade*, qui s'achève ainsi : « *Un temps veut qu'on s'applique à vivre. Un temps vient de renoncer à mourir en plein vol*[3]. »

Jean Guillermet, qui comme chaque année édite et réalise l'*Almanach du Beaujolais*, ose demander à Colette de lui

1. Collection particulière, comme toutes les lettres composant cette correspondance inédite.

2. Le recueil *Lettres au Petit Corsaire*, Flammarion, 1963, contient les lettres de Colette, conservées par sa correspondante, mais pas celles de Renée Hamon qui, amoureuse du voyage, lui en rapportait les récits.

3. Cette nouvelle paraît dans le recueil *Gigi* en juin 1944 à la Guilde du Livre à Lausanne.

écrire un court article pour sa revue. Elle décline l'offre pour le moment, surchargée de travail, et notamment absorbée par son dernier ouvrage : « *Impossible, cher ami ! Vous voyez que je ne fais aucun journalisme en ce moment. Ce qui passe, c'est de la reproduction. Mon prochain livre vient si lentement… Un peu plus tard, on verra !* »

X

À LA GLOIRE DES VENDANGES

Quelques années plus tard, le moment est venu. Colette écrit ce superbe article à la gloire du bon vin et de ses fiers vendangeurs dont voici quelques extraits :

« *Notre trajet visa les coteaux du Rhône. Leurs petits raisins, serrés, sont moins décoratifs que le picardan*[1] *opulent de la Provence, qui traîne sous les ceps des appas* [sic] *de six livres, et tient aux lézards le ventre frais. Que pouvais-je réclamer de la vendange beaujolaise? […] J'imaginais la récolte lente, les paniers pleins, la soif qui croit se satisfaire en mordant la grappe, et qui s'attise. […] Une chaîne de bras me remit un jour dans l'auto, et j'abordai le Vin au secret d'une de ses chambres intimes, dont je pensais ne jamais passer le seuil. Dans le sein frais de la colline il me reçut sans que je misse pied à terre. C'est moi qui sur mon char faisais figure de conquérante. Les grands portes rabattues, le Cru semblait*

1. Cépage blanc originaire de la région de Châteauneuf-du-Pape. Assemblé avec un autre cépage, la syrah, il donne un vin rosé frais et fruité.

retiré à même une grotte, et de son haut plafond il me jeta ensemble une chape glacée d'air immobile, la divine et boueuse odeur des raisins foulés, et le bourdonnement de leur ébullition. Cent mètres de voûtes s'étoilaient des lampes ; les cuves rejetaient par-dessus leurs bords la bave rose en longs festons ; un attelage de chevaux pommelés, bleuâtre dans la pénombre, mâchait nonchalamment des grappes tombées ; l'âme du vin nouveau, lourde, à peine née, impure, se mariait à la vapeur des chevaux mouillés.

Une main d'homme brandit vers moi, au bout de son bras invisible, la tasse d'argent qui berçait, sur les stries et les bosses de la ciselure, une étincelle rouge. [...] En bas, quarante vendangeurs avaient la meilleure table, servie d'omelettes, de veau, de poules, de cochon, et arrosée de vin qui comme les plus beaux rubis garde claire, aux lumières, sa sanguine et franche couleur. »

Pour l'instant, l'heure est au repos dans son appartement du Palais-Royal. En attendant de recevoir Colette et Maurice à Limas, les Guillermet leur ont fait parvenir un vin de leur cru que Colette déguste aussitôt et commente : « *Si je n'avais reçu pour me consoler ce charmant vin spirituel, je me morfondrais du chagrin de n'être pas chez vous. Quel gentil vin, quel bon accent, quel gai reflet dans le verre ! Dites, mes chers Guillermet, vous ne voulez pas, dans la suite, faire commerce avec moi et me céder du vin, si vous en avez de trop ? Je forme, sourdement, sournoisement, un projet. Il se peut que je doive aller, si voiture d'amis s'y prête, à Hyères, dans trois semaines, un mois*[1]. *Si je vous prévenais, m'inviteriez-vous à déjeuner en passant, avec mon mari qui est ce que j'ai de mieux ? Vous voyez bien que je me laisse tenter. Je suis lâche.* » Ce projet ne verra pas le jour en cette année 1943. Les deux amies devront patienter quatre années pour que les souhaits de Colette se réalisent.

1944 est marquée pour Colette par un travail acharné. Elle publie *Broderie ancienne*[2] aux Éditions du Rocher, *Gigi et autres nouvelles*[3] à la Guilde du Livre à Lausanne, juste après le débarquement des Alliés, et *Trois... Six... Neuf...* chez Corréa, tout en travaillant sur *L'Étoile Vesper* qu'elle annonce comme étant son dernier ouvrage. Elle souffre de plus en plus. Les angoisses de la guerre l'ont affaiblie et son corps réagit moins bien aux traumatismes. Petit à petit elle renonce à se déplacer. Elle s'aide d'une canne, puis de deux, avant de se laisser guider dans un fauteuil roulant. Elle en aura même deux, l'un pour ses déplacements extérieurs, l'autre pour se mouvoir chez elle. Puis petit à petit, elle

1. Elle séjourne quelque temps au château de Mauvanne près d'Hyères, chez la comédienne Simone Berriau qui a acquis ce domaine en 1934 et y reçoit chaque été de nombreuses personnalités – dont Charlie Chaplin, Cécile Sorel, Louis Jouvet.
2. Elle a regroupé dans ce volume les textes qu'elle avait donnés au *Petit Parisien* en 1941, alors que le journal était passé sous le joug allemand depuis le début de l'année, mais l'ingénue Colette n'en avait cure et travaillait pour survivre.
3. En 1943, elle l'avait publié sous forme de feuilleton dans la revue *Présent*.

demeure allongée dans le lit-radeau que lui a offert la princesse de Polignac [1], qu'elle aménage en conséquence.

Des bruits commencent à circuler en ce début d'année 1944 sur l'organisation imminente d'un débarquement des Alliés. Colette demande à son principal fournisseur de Bercy, Lucien Brocard, de l'approvisionner pour faire face : « *Cher ami, jamais je n'ai tant tardé à vous écrire ! Ce n'est pas faute d'apprécier votre envoi, qui est délicieux, juste des crus que j'aime, juste assez jeunes, juste assez faits, et d'une gaîté charmante. Il y a un sacré petit rouge clair qui est un amour. Je tâcherai de l'avoir à mes côtés, pendant le débarquement pour garder mon sang froid, – et mon sang chaud. Et ce Pinot, bu à sa température, on ne s'en lasse pas. Il est vrai que les coupures d'électricité nous invitent aux économies de vin frais…*

« *J'ai tardé à vous dire le grand merci, qui est gravé dans mon cœur, parce que je travaillais à deux textes destinés à des éditions de luxe illustrées. L'un s'appellera "Belles saisons [2]", l'autre – je cherche encore. Celui-ci aura des lithos de Luc-Albert Moreau [3].*

« *Je m'avise que ce papier fleuri dissimule, derrière une corbeille, des souhaits de "bonne année". Mais je trouve que*

1. Winnaretta Singer (1865-1943), princesse Edmond de Polignac, dite « Winnie », héritière des machines à coudre Singer, soutenait nombre de musiciens et de compositeurs. À sa mort, elle lègue à l'État français des fonds destinés à une fondation pour la promotion des arts et des sciences.

2. *Belles saisons* a été publié à trois cent cinquante exemplaires aux Éditions de la Galerie Charpentier en 1945 avec des pointes sèches originales de Christian Caillard.

3. Il s'agit du tirage de luxe (cent cinquante exemplaires) de son livre *En pays connu* qui sortira en 1949.

nous traversons un moment où les souhaits de bonne année sont tout-à-fait [sic] *de saison. J'y ajoute de gros baisers sur les joues de toute la famille, et je reste votre vieille amie.* »

Le 20 mai 1944, toujours en quête de nouveautés vinicoles de la part de son négociant préféré, elle poursuit sa correspondance : « *Ces deux petits affreux numéros remplacent nos fleurs accoutumées, pour une fois seulement. Mais j'ai encore du papier fleuri. Ce bordeaux blanc est un amour ! Dieu vous bénisse ! J'embrasse toute la famille, et je travaille pour un éditeur suisse, figurez-vous*[1]*. Le franc suisse étant plus gras que le nôtre, j'aurai en juin de quoi acheter mon tonique préféré.* »

À la fin du mois de juin, Colette perd son amie Missy qui, après une première tentative un mois auparavant, a finalement réussi son suicide par le gaz. Elle essaie de se remettre de ce grand chagrin en le noyant dans le vin de son ami Brocard : « *Et maintenant, cher ami, il s'agit d'atteindre ce que j'appellerai la soudure… On assure qu'elle n'est pas loin. Mais c'est une amère perspective que de l'espérer en buvant de l'eau. N'est-ce pas ? D'autant que depuis trois semaines je laisse le professeur Leriche tenter sur moi son traitement par piqûres profondes. Pour profondes, elles le sont ! Une belle aiguille de quinze centimètres de long, et une*

1. Éditions du Milieu du monde où elle fera paraître *L'Étoile Vesper* en 1946.

ampoule qui contient pour le moins un demi-setier de novocaïne… J'ai connu des joies moins austères. Après quoi mon bourreau – un homme délicieux! – me conseille : "Tonifiez-vous. Buvez du vin, mangez du sucre." Du sucre, j'en ai. Du vin, j'en ai encore quatre bouteilles et une carafe. Et j'ai Lucien Brocard! J'embrasse toute la famille. Et je signe avec confiance. Votre vampire[1]. »

Au mois d'août 1944, les combats pour la libération de la capitale mettent Colette en alerte pour Maurice. Curieux de voir les combattants et les Alliés entrer dans Paris, il est allé errer du côté de la rue de Rivoli, où il se trouve pris sous le tir de mitrailleuses allemandes qui le contraignent à se réfugier trois longues journées dans le jardin des Tuileries, au fond d'une tranchée humide. Rentré chez lui frigorifié, sans avoir rien mangé, il est accueilli par une bordée d'injures de sa femme. Au début du mois de septembre, en souvenir de cette péripétie qui aurait pu mal tourner pour son mari, elle envoie à Lucien Brocard une lettre ornée de l'étoile de David avec de petites fleurs bleues : « *Si ce n'est pas encore la paix, c'est déjà le miracle : l'étoile juive fleurit en myosotis! J'attendais, pour vous écrire ma "lettre d'amour" traditionnelle, que le système postal me le permît. C'est votre nom qui est le premier fêté chez nous :*

1. Voir le cahier photos central.

j'ai réconforté ce matin le rhume de Maurice avec un sacré bourgogne blanc... je n'ajoute rien, vous le connaissez, puisque vous l'avez choisi. Je guette une victoire, à l'occasion de laquelle je tordrai le cou au Canard du chêne[1]*(!!!). En attendant d'être bien nourris, le pinard nous console ! Quand venez-vous nous voir? Je ne réponds pas, si vous tardez, de garder la bouteille de champagne jusque-là... mais je promets de garder l'habitude de vous écrire sur nos papiers préférés. Je vous embrasse tous. Et ce n'est pas moi qui irai pleurant que la guerre m'a dépouillée : j'y ai acquis de nouveaux amis*[2]. »

Les derniers mois de cette année qui voit enfin la France libérée sont encore pénibles. Les privations se sont accentuées et Colette compte beaucoup sur ses nombreux amis pour être ravitaillée. Les « petites fermières » Yvonne et Thérèse continuent de lui fournir les victuailles, tandis qu'Henri Mondor lui procure le charbon et le vin, indispensable à son équilibre. Pourtant au cœur de cette période trouble, le vin n'est pas souvent issu du raisin, et il est compliqué de se fournir dans les bonnes caves, qui ont dû approvisionner les occupants pendant des années. Heureusement, son ami Lucien Brocard répond toujours présent à ses sollicitations. Le 27 octobre, après une forte grippe qui

1. Victor Canard et Léonie Duchêne ont créé sur la montagne de Reims en 1868 la maison de champagne canard-duchêne.
2. Voir le cahier-photos central.

l'a clouée au lit plus de deux semaines, Colette réclame sa dose : « *Quinze jours de grippe, vous ne croyez pas, cher ami, que c'est à dégoûter de tout ? Et soixante-cinq ventouses en trois jours. Je vais mieux depuis hier. Mais je trouve que ces nouvelles-là déshonoreraient notre papier à fleurs et à dentelles. Pauline me harcèle pour que je vous envoie ces bouts de papier chiffrés, les voici donc. Y a-t-il un peu de pinard sous roche ? C'est le plus sérieux de mes espoirs. Je vous embrasse tous. J'attends le printemps pour aller visiter la belle région plantée de platanes. Mais ne l'attendez pas pour venir voir votre déplorable vieille amie.* »

Le 20 novembre, elle poursuit : « *Encore une fois sur le sable, cher ami. Et cette sacrée Pauline, à qui je dis ce matin : "Faites ce bout de bœuf en bourguignon, sans quoi ce sera du pur filé-latex" et qui me répond : "Je n'ai plus de vin rouge, la dernière bouteille s'est bue hier et ce matin". Que pensez-vous de cette formule fataliste "s'est bue ?" Secourez-nous s'il se peut, venez nous voir si vous aimez toujours votre vieille amie qui vous embrasse tous deux et vous envoie, de la part de Maurice, amitiés et hommages. On guette une petite voiture d'occasion… On irait vous voir !* » Le 6 décembre, la lettre s'orne de papier gaufré doré avec médaillon ovale de roses et deux cœurs percés d'une flèche : « *Avec tout l'optimisme qu'inspire une poêlée de châtaignes arrosée d'un verre de Graves, cher ami, je vous dis merci. Et un Graves non sucré, s'il vous plaît ! Si ce sont les dernières des dernières bouteilles, surtout ne me le dites pas ! Je ne veux pas prévoir les malheurs de si loin.*

« Où donc est Pomerol ? Vive Pomerol ! À part ça, je souffre comme on assure que souffre un pauvre chien. L'étrange est que je travaille quand même. Lorsque ces messieurs les éditeurs, imprimeurs, illustrateurs auront du papier, de l'encre, des couleurs, que de "nouveautés" je vous enverrai ! Merci pour "Bercy". Mais je n'ai pas pu voir un jeune Brocard, que Maurice m'a dépeint favorablement. Il reviendra ? Vous aussi ? Je suis déjà imbattable sur Bercy. Mais j'ai toujours eu une très grande envie de me promener, par un beau temps, sous ses platanes aussi exubérants que les platanes provençaux. Si ma jambe (ah ! La garce !) m'en empêche, qu'on me mette dans une brouette et qu'on m'y balade – à l'heure naturellement d'un casse-croûte.

« Cher ami, je vous envoie le ridicule petit chèque, qui enveloppe un trésor d'amitiés, et j'embrasse toute la famille. Maurice est votre très affectueux ami. »

La veille de Noël, Colette se lance dans la dégustation du Tavel, cette rare appellation du Gard rhodanien à ne produire que du vin rosé, dont le romancier Honoré de Balzac disait qu'il est l'un des seuls rosés que l'on puisse avantageusement laisser vieillir et qu'appréciait sans compter Alphonse Daudet, tout comme Frédéric Mistral (« *Le soleil semble se coucher dans un verre de Tavel aux tons rubis irisés de topaze* »). On comprend dans sa lettre du 24 décembre que Colette ne prendra pas le temps de le garder en cave : « *Cher ami, que ces pensées – de l'espèce à collerette – vous portent, avec nos souhaits, le grand "ouf !" soulagé des pauvres types qui n'avaient plus de vin pour leur Noël ! Tournez la page, et trouvez l'expression de notre joie dans un alexandrin de Jean Richepin : "Nous boirons du Tavel qui fait pisser la nuit !" (J'ai mis "Tavel" au lieu de "vin blanc"). J'ai travaillé, travaillé, travaillé. Mais je suis contente parce que j'ai un petit volume pour vous.* Trois, six, neuf, *illustré par Dignimont, sort enfin. Venez-vous le chercher ? Je suis lâche devant ce charmant Tavel, sans lequel, avec le goût du terroir, je savoure mes souvenirs. Il y a xxx ans et même plus, on buvait sans un bouchon des environs de Monaco, un Tavel et un Belley (ou Bellet ?…) qui se buvaient comme en songe, tant ils étaient glissants… Bon Noël, cher ami, bonne accolade à toute la famille.* »

Mais les restrictions n'empêchent pas la liesse de se généraliser. Et l'épuration de démarrer, pourchassant les collaborateurs et les individus liés au régime de Vichy, dont certains intellectuels et notables. Colette est sollicitée pour défendre Robert Brasillach qui avait fait des démarches auprès de l'Institut allemand pour sortir son mari des griffes de la Gestapo en 1941. Mais elle ne s'en souvient plus et hésite à signer la pétition, à l'initiative de François Mauriac et Thierry Maulnier, demandant la grâce du condamné. Colette finit par se joindre aux artistes renommés Valéry, Claudel, Camus, Cocteau, Anouilh… et signe. De Gaulle refusant de commuer la peine, Brasillach est fusillé au fort de Montrouge le 6 février 1945 : « *Les procès intérieurs sont dégueulasses* », éclate Colette furieuse. Mais, le 22 mars 1945, ce qu'elle écrit aux Guillermet trahit des préoccupations bien éloignées : « *Je suis mélancolique parce que Waterman ne m'a pas renvoyé ses trois stylos et je ne sais à qui, ni où, les réclamer. Quand revenez-vous à Paris ? Je vous envoie à tous deux mes pensées bien amicales. Quand j'aurai du gruyère et tout et tout, j'essaierai de réaliser la recette de la soupe à l'oignon qui est dans l'Almanach 35*[1]. » En avril, ses fameux stylos arrivent enfin : « *Je les ai, je les ai ! Naturellement ils sont arrivés le jour même où je vous ai écrit. Merci. J'ai retrouvé avec plaisir un petit stylo cerclé de bleu à plume distinguée, et le gros-gros-gros qui travaille quand on est malade, et le jaspé d'un caractère très doux.* »

1945 voit nombre de ses amis disparaître : Drieu La Rochelle se suicide le 15 mars, Lucie Delarue-Mardrus meurt le 26 avril et Paul Valéry le 20 juillet. En début d'année elle avait déjà perdu l'auteur dramatique Édouard Bourdet et la

1. *Almanach du Beaujolais*, édité par Jean Guillermet.

poétesse Hélène Picard qui fut sa collaboratrice au *Matin*, puis devint sa correspondante et l'objet de sa préoccupation affectueuse. Elle en tire la leçon pour rédiger son testament et se replonge à fond dans ce qu'elle sait bien faire : écrire. Le 8 avril, alors que, à l'autre bout de monde, se déroule la dernière offensive navale japonaise, Colette envoie à Lucien Brocard une lettre illustrée d'un grand voilier : « *Cher ami, je crois que vous n'avez pas encore ce petit genre maritime dans votre collection ? Réparons, comblons cette lacune. Et comme chèque, je crois aussi que c'est la plus petite taille ! Si ça continue, la prochaine fois c'est vous qui me redevrez trois francs. Je me suis payé un beau lumbago ! (J'ai connu une dame qui croyait que c'était un objet d'art chinois) mais il est guéri. Nous attendons… quoi ? La même chose. Y en a qui parient pour le 11, d'autres pour le 12, d'autres pour le 1*^er^ *mai. Je ne parie rien. Dans toute ma vie je n'ai même pas pu gagner une philippine que j'avais avec Gabriele d'Annunzio. Il s'est arrangé pour mourir avant ! Cher ami, comment va la mésange ? Je l'incorpore à la famille, et j'embrasse tout le monde ensemble, sans omettre les amitiés et hommages de Maurice, avec un grand merci pour les divers et parfaits pinards. Important ! – Pauline me dit que si vous maintenez l'offre du tonnelet, elle "s'arrangera*[1]*" !* »

Durant cette période, elle ne cesse de travailler et s'épanche auprès de son ami de Bercy le 30 avril : « *Refuser*

1. Voir le cahier-photos central.

votre visite, ou du moins l'ajourner, je crois qu'on peut appeler ça "bouder contre son cœur" cher ami? J'ai trouvé amer ce genre d'héroïsme mais je ne pouvais pas refuser d'aider, autant que je le pouvais, Ferenczi à sortir, aussi vite que possible, de son ombre de quatre années et plus[1]*. Donc vous aurez peut-être dans trois semaines un livre nouveau* [Gigi]. *Je travaille comme une armée russe! Dites, pour fêter toutes les délivrances y compris la mienne, vous venez boire le coup? Dans une semaine je crois que je peux reprendre un peu de souffle. Si vous ne me téléphonez pas, je vous appelle! Mais ne nous pressons pas trop d'aller déjeuner sous les platanes... sans canadienne! Je vous embrasse tous, je suis un peu fatiguée, je vous envoie ci-joint de quoi acheter une maison à la campagne. Ne riez pas : un jour en Limousin, à Collonges, j'ai acheté une maison du* XVe *siècle, avec un escalier en spirale, une sirène sculptée au-dessus de la porte, une treille sur la façade en pan coupé... trois cents francs. Elle était charmante. Personne n'en voulait. R'amitiés.* »

Heureusement une éclaircie vient mettre du baume sur son cœur blessé. Le 2 mai 1945, sous la pression de ses amis montmartrois Francis Carco, André Billy, Roland Dorgelès et Léo Larguier, elle est élue à l'unanimité à l'académie Goncourt qui vient de perdre quatre de ses membres : Sacha

1. Fondée en 1879 par un Juif hongrois Joseph Ferenczi, cette maison d'édition (J. Ferenczi & fils) a été aryanisée en 1941 par l'occupant nazi tout comme Nathan et Calmann-Lévy.

Guitry, René Benjamin, Jean Ajalbert – écartés en raison de leur comportement sous l'Occupation – et Jean de La Varende – démissionnaire. Cette bonne nouvelle arrive le même jour que celle de la mort d'Hitler. Marie de Régnier, qui publie des romans sous le pseudonyme de Gérard d'Houville, sera très sensible à cet honneur : « *Tout a été dit sur votre talent, votre génie, votre gloire, chère Colette ; et vous vous soucierez peu, j'en suis sûre, d'un nouvel hommage. Pourtant, je vous l'adresse, en gratitude de toutes les joies que vos livres m'ont offertes et de cette dédicace dont je suis très fière – que vous avez inscrite pour Gérard d'Houville au début d'un de vos charmants* Dialogues de bêtes[1]. » Succédant au premier couvert à Léon Daudet et Jean de La Varende, elle est la deuxième femme à siéger chez les Goncourt, après Judith Gautier, la fille de Théophile. Elle court de cocktails en banquets, sollicitée de toutes parts par la presse, mais trouve le temps de répondre à Lucien Brocard : « *À ce compte-là, cher ami, j'ai l'intention de me faire élire membre de quelques académies de billard, aux fins de recevoir des fioles distinguées. Tiens donc. Quel beau vêtement poussiéreux sur les bouteilles de vin rouge ! Merci à grands cris ! Si les cloches et les sirènes parlent, aurez-vous le temps d'accourir boire avec nous ? Vous savez, ces gentils Goncourt m'ont mise à plat depuis trois jours : deux banquets, photographes, interview,*

1. *Paris, l'élégance française*, été 1945.

téléphone intempérant… Je reconnais que tout a été si amical et si simple, de la part de mes collègues, que c'était un plaisir. Sur quoi, je vais me coucher. Je vous embrasse tous et je vous aime bien. »

Elle part s'évader une semaine dans le Midi au début du mois de juin, à Mauvanne près d'Hyères, dans la propriété de son amie, la comédienne Simone Berriau. Celle-ci, « la femme aux prunelles d'or », a acheté le domaine viticole du château de Mauvanne, en 1935. Elle a remis en état les vignobles et y recevait le Tout-Paris, de Jouvet à Raimu, de Guitry à Cocteau, de Fernandel à Michel Simon. Aujourd'hui, le château est devenu un grand vignoble produisant des crus classés de Côtes de Provence. Les vignes, plantées sur des terrasses en forme de gradins, se développent dans un immense théâtre face à la mer. Au retour, Colette raconte à son ami négociant en vins : « *Cher ami, figurez-vous que nous avons passé huit jours près d'Hyères !!! Pour un événement, c'est un événement, après 1800 jours de Paris. Emmenés en voiture, ramenés de même, mais… onze pannes pour aller. Je vous raconterai le reste. On est en plein Goncourt. Mais je n'ai plus une goutte à boire pour me donner la force de lire, – et de couronner. Hier, après l'éreintement des discussions (qui n'étaient pas toutes littéraires) j'étais si fatiguée que j'ai bu sans vergogne une merveilleuse bouteille de champagne que vous m'aviez donnée. Il faut ce qu'il faut.*

Aimable obligation. Versez-moi le réconfort. Et versez-moi des nouvelles de la famille, sous forme de visite. Je vous raconterai Solliès-Pont, paradis des cerises et des propriétaires avares. Je vous embrasse globalement, et Maurice est votre très véridique ami. »

Elle poursuit le 26 juin sur un papier dentelé avec roses, trèfles à quatre feuilles et fer à cheval en pensées bleues : « *Nous voilà, nous voilà ! J'accours avec mon papier à dentelle, mon amitié, mes quatre cent soixante dix neuf francs* [sic] *(et 40 centimes !) enfin toutes mes séductions ! Le gentil Pouilly (sur Loire, celui-là !) me donne du courage. Seulement c'est le rouge qui a f… le camp. Je suis une véritable danaïde. Mais c'est qu'il fait vraiment trop froid. Comment boire mouillé par ce temps ? Je ne compte plus les jours de ma captivité. Cher ami, au coin de ma fenêtre j'ai les mains gelées. Si au moins je savais écrire de la main gauche, je réchaufferais alternativement ma dextre et ma senestre sous mes couvertures. Mais je m'aperçois que mon éducation a été bien négligée. Comment va la mésange ? Dites-lui que je l'embrasse sur son petit front têtu.* »

Au mois d'août elle repart chez son amie Simone : « *Alors quoi ? Pas moyen d'avoir une facture dans c'te boîte ? Cher ami, si les plus saines habitudes se perdent, l'anarchie est à nos portes ? Et le petit tonneau qui s'ennuie, vide, à la cave ? Et vos amis – Maurice et Colette – qui partent mardi soir !*

Nous allons à Mauvanne dans la propriété de Simone Berriau. Car je suis bien fatiguée. Je ne vous ai pas prévenus plus tôt, parce que nous avons dû prendre les deux bonnes places que nous assure un colonel américain pour ce jour-là. Je vous donne notre adresse pour le mois d'août : Domaine de Mauvanne, Les Salins d'Hyères Var. Mais, vrai, j'aurais bien voulu vous embrasser avant de partir… Je vous laisse un grand merci, un soupir de regret, la moitié de mon cœur, l'espoir que vos vacances seront bonnes, et divers autres colifichets sentimentaux. Si nous restons peu de temps absents, vous aurez, ici, sous son vêtement le plus flatteur, mon petit volume Gigi. Je suis votre vieille amie à tous. »

Colette prend son nouveau rôle de juré Goncourt très au sérieux et se rend régulièrement chez Drouant avec ses confrères pour discuter de l'attribution du prix. Le 2 juillet, Elsa Triolet reçoit le Goncourt au titre de l'année 1944 avec son dernier roman, *Le premier accroc coûte deux cents francs*, bien que Colette ait voté au premier tour pour Roger Peyrefitte et son roman autobiographique, *Les Amitiés particulières*. Le 5 décembre de la même année a lieu l'attribution du Goncourt 1945. Elle annonce son choix aux Guillermet : « *Voici un petit « chapeau » modeste. Non je n'étais pas guérie le jour du Goncourt, mais j'ai voulu tenir le coup pour mon candidat, non point Bory mais Georges Navel, un ouvrier plein de talent, qui ne pouvait être élu. Il y avait ce jour-là 7° sous zéro. C'est vous dire que le soir même j'étais au lit, avec fièvre, toux à crever, et depuis je ne suis pas encore guérie. Je pense l'être dans une semaine. "Une caisse est partie", voilà une nouvelle épatante ! Je vous écrirai dès qu'elle arrivera. Roger Perraud et moi nous sommes déjà de vieux amis. Encore merci, ô mes Guillermets* [sic] *que j'embrasse ! Je crois qu'on vient de trouver une 8ch.* [sic] *Fiat d'occasion... Pourvu qu'elle tienne ! On irait vous voir en passant...* »

En effet, elle a défendu *Travaux* d'un ancien ouvrier-terrassier, Georges Navel, en qui elle pensait avoir découvert le mouton à cinq pattes que cherchaient les jurés du prix Goncourt depuis une décennie au moins. Son candidat était pauvre, digne, doué d'un talent singulier caractérisé par un style novateur, une sorte de bohême moderne. Mais elle n'est pas suivie car ce livre est un récit autobiographique plutôt qu'un roman. Le prix ira à *Mon Village à l'heure allemande* de Jean-Louis Bory. Celui-ci racontera plus tard dans un autre roman, *Un Prix d'excellence*, sa rencontre avec Colette que lui a suggérée son éditeur Flammarion. Très intimidé par la grande dame des lettres que les manuels scolaires appellent à la rescousse au moment délicat des compléments d'objet indirect, Jean-Louis Bory trouve l'écrivaine alitée sous une couverture bleue et, à sa demande, s'assied près de ses jambes au bord du lit : « *Je vis*

Figures contemporaines tirées de l'album Mariani,
notices rédigées par Joseph Uzanne, volume 14,
portrait de Colette gravé sur bois
par Henri Brauer, librairie Henri Floury, 1925.

Colette et Willy.

Colette en 1893,
l'année de son premier mariage
avec Henri Gauthiers-Villars,
surnommé « Willy ».

Mathilde de Morny,
dite « Missy »,
avec qui l'écrivain
a vécu une histoire
d'amour qui
scandalisa
la Belle Époque.

Si vous voyiez
comme j'ai meilleure
mine ce soir... Et
c'est la vérité
vraie. Un vin
rouge charmant!
Juste comme je
l'aime. Et pour
finir, un morceau

11 octobre 1943. Lettre de Colette à Lucien Brocard,
négociant en vin et ami de l'écrivain,
reproduite dans cet ouvrage p. 66.

Colette
et son deuxième mari,
Henry de Jouvenel,
qu'elle a épousé
en 1912.

Bertrand de Jouvenel, fils d'Henry. Colette et son beau-fils ont vécu une relation passionnée durant cinq années, commencée lorsque Bertrand avait seize ans.

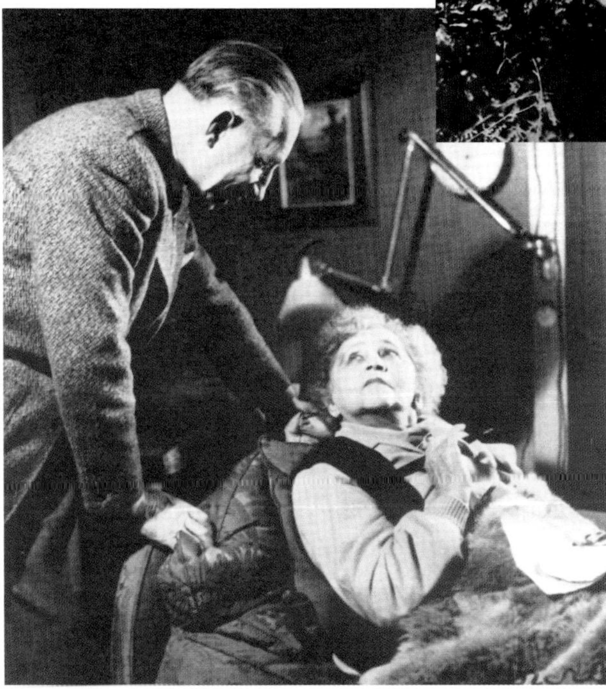

Colette
et Maurice
Goudeket,
son troisième
et dernier
mari.

Et maintenant, cher ami, il s'agit d'atteindre ce que j'appellerai la soudure... On assure qu'elle n'est pas loin. Mais c'est une amère perspective que de l'espérer en

25 juillet 1944. Lettre de Colette à Lucien Brocard reproduite dans cet ouvrage p. 75.

Remplissage
des fûts
dans les caves
de Lucien Brocard
à Bercy.

© Bertrand Brocard

Lucien Brocard.

Colette et sa fille,
Colette de Jouvenel
surnommée
« Bel-Gazou »
(Nice, 1940).

Septembre
44

Cher ami,
Si ce n'est pas encore
la paix, c'est déjà
le miracle : l'étoile
juive fleurit en
myosotis ! J'attendais,

Septembre 1944. Lettre de Colette à Lucien Brocard reproduite dans cet ouvrage p. 76.

Cher ami, je crois que vous n'avez pas encore ce petit genre maritime dans votre collection ? Réparons, comblons cette lacune. Et comme chèque, je crois aussi que c'est

8 avril 1945. Lettre de Colette à Lucien Brocard reproduite dans cet ouvrage p. 82.

Les photos de ce cahier central sont issues de la collection du Centre d'études Colette, sauf mention contraire.

les narines s'élargir, palpiter, je crus voir un bout de langue rose glisser sur les lèvres minces discrètement fardées d'un carmin sombre. Après un bref reniflement ou aspiration d'un effluve qu'elle parut goûter comme une goulée de vin, elle murmura, toujours sans sourire : "Vous sentez la chair fraîche". Ah ! l'Ogresse ! me voilà son Petit Poucet. Ou Petit Chaperon Rouge d'une grosse méchante louve prête à me croquer. Mais non[1]. » En réalité Colette a parlé, beaucoup, du métier d'écrivain, de la corvée d'écrire dont elle s'évertue à faire un plaisir, de ses soucis de santé. Muet, Jean-Louis Bory raconte qu'il n'eut qu'à relancer le monologue de temps à autre par une intonation interrogative jusqu'à ce que l'académicienne Goncourt s'assoupisse, face à la fenêtre donnant sur le Palais-Royal.

Le 16 novembre 1945, alors qu'elle est toujours dans la fièvre de l'écriture, Colette réclame sa dose de nectar de la vigne : « *Bonté de sort, cher ami, quelle période de travail. Recommencer et recommencer et recommencer la fin d'un volume de souvenirs, je ne souhaite ça à personne. Ça y est à peu près. Mais j'ai soif... À bon entendeur... Figurez-vous, cher entendeur, que nous n'aimons pas le vin qui est couleur pelure d'oignon ! C'est dommage, il est joli, ce vin roux. Un jour vous m'avez dit spontanément que vous pourriez rendre,*

1. *Un Prix d'excellence*, Jean-Louis Bory, Gallimard, 1986.

à Luc-Albert Moreau[1] *notre ami, le signalé service de lui céder par petits coups les mêmes vins que ceux que nous aimons. Il achète chez un Pétrissans*[2] *de l'avenue Niel des trucs imbuvables qu'il paye des 160 et 190 francs la bouteille. Ce bon peintre vaut mieux que ça. Cher ami, je vous écris d'une main froide. Depuis deux jours des tuyaux bouchés nous ont privés de chaleur. "Mais un cœur chaleureux ne connaît pas d'hiver!" (Si ce médiocre alexandrin est de moi, je veux qu'on me frappe d'indignité internationale!) J'étreins toute la famille. Maurice aussi. Chic, j'entends le fumiste. J'abandonne tout – même vous! – pour le suivre à la cuisine. Urgent! – Je n'ai plus de vinaigre!!!* » Quelques jours après, elle le remercie d'avoir fourni en vins Brocard son ami peintre Luc-Albert Moreau, celui qui a illustré quelques-unes de ses œuvres, notamment *La Naissance du jour* en 1932, *Mes Cahiers* en 1941 et *En pays connu* en 1949 : « *Très bon vin blanc! Très bon vin rouge! On se sent bien armé contre le brouillard. Luc-Albert Moreau exulte. J'ai mal à la gorge (à moi le godet de vin chaud!). Je n'ai plus de Jardin Royal, le brouillard l'a dévoré. Voulez-vous faire partie du Comité de Défense de Saint-Tropez? Une bande de… veut y faire des boulevards en étoile et autres catastrophes. Je ne vois plus rien*

1. Le peintre Luc-Albert Moreau (1882-1948), grièvement blessé dans les tranchées, a beaucoup peint la Grande Guerre avant de se consacrer à l'illustration d'ouvrages de ses amis, Francis Carco, Paul Morand, Colette…

2. Les Caves Pétrissans tiennent toujours boutique et restaurant au 30 avenue Niel à Paris.

à signaler. Voici un chèque de 631,90 pour faire bâtir une maison de campagne. Cher ami, je vous embrasse tous à grands bras, et je vous attends toujours au coin de la même fenêtre. »

Un nouveau colis rempli de dives bouteilles arrive rue de Beaujolais chez les Colette-Goudeket, en provenance cette fois des Guillermet. Le 29 décembre, elle s'enthousiasme : « *Le colis est arrivé. Sitôt pris, sitôt bu : au mépris de tous bons usages, nous en avons bu une bouteille en déjeunant. Il est jeune, et charmant, avec ce reflet framboisé dans la nuance duquel entre je ne sais quoi d'un peu mauve. Sans vous, savez-vous sur quoi nous finissions l'année ? Sur un restant d'Entre-Deux-Mers qui a pris, Dieu sait où, un affreux goût de vieux tonneau, je ne mentionne qu'à peine quelques fioles de champagne naturellement. Mais le champagne ce n'est pas du vrai vin. C'est un tonique.* »

Et le 30 décembre, elle en réclame encore, à Lucien Brocard cette fois, sur un papier orné d'un médaillon de fleurs bleues : « *Ces fleurs connaissent mon secret. Mais je ne le dis qu'à vous seul : je trouve que la fin de l'année est d'une sécheresse… (Cher ami, ne le répétez pas !) Je vous envoie mille souhaits à tous, et Maurice tout autant, cependant que de ma fenêtre, j'attends de voir la pluie se changer en vin…* »

En cette année 1946, le papier à lettres de Colette s'orne de la mention académie Goncourt. Le 11 février elle s'adresse à Lucien Brocard à propos d'une cuvée de vin blanc, *Vrille Verte*, dont elle vient de recevoir une livraison de bouteilles : « *Chers amis, depuis qu'il est chez nous, figurez-vous que je dédaigne le champagne ! "Il" c'est le "Vrille Verte" bien entendu. De temps en temps je me trompe et je l'appelle "Les vrilles de la vigne", titre d'un vieux livre de moi… Il est gai, il supporte à merveille les basses températures, enfin il nous plaît bien. Je voudrais des nouvelles de toute la famille. Maurice travaille comme un dieu, et m'aide à supporter ma situation, qui est moche. L'arthrite me met à mal. Je ne suis pas sortie depuis une centaine de jours, et ne prévois pas que jamais je sorte, – à moins que la Cortisone ne passe l'océan à pied, au prix de 1F75 le kilo. Il n'est encore qu'à 4000 francs le gramme. Chers amis, je vous embrasse, aux cris de Bonne année ! Bonne santé, et je suis votre Colette. Naturellement grandes amitiés de Maurice.* » Cette appréciation dithyrambique du *Vrille Verte* sera utilisée par Lucien Brocard, avec l'autorisation de Colette, pour promouvoir cette cuvée dans les documents publicitaires de sa société de négoce.

Elle a pu enfin écrire l'article que Jean Guillermet lui réclamait depuis longtemps pour son almanach. C'est une réussite. « Vendanges sur les côtes de Brouilly » paraît en mars 1946. Colette s'empresse de remercier son ami-éditeur le 26 mars 1946 : « *Je viens de recevoir l'almanach, mais je ne l'ai pas encore lu. J'ai vu seulement que vous m'y avez aménagé une place de choix. J'ai vu aussi que Bayère*[1] *a une source, et elle me donne soif ! Ici, rien à boire, peu à manger. Il faudrait se mettre au champagne : pour plus d'une raison, je m'abstiens, et Maurice aussi. Ah ! du vin frais, et rouge comme frambouèze !* »

Mais son arthrite la fait souffrir de plus en plus. On lui conseille la montagne. Elle confirme aux Guillermet le 15 avril qu'elle doit y partir en été : « *Cela fait mal et bien de lire une lettre comme celle de Made ! Venir ? Impossible maintenant. En juin il va falloir que j'aille à Uriage*[2]*, car je souffre vraiment un peu trop. On dit tant de bien de la nouvelle forme de traitement. Sept agneaux… Trente ans de mariage… Violettes et rosiers… Je m'émeus devant votre féerie familiale et familière. Ne m'attendrissez pas trop ! Si au moins mon livre* [*L'Étoile Vesper*] *avait paru à temps, vous l'auriez eu pour votre anniversaire. Mais je ne l'espère pas avant septembre ou octobre*[3]*. Et me voilà les mains vides. C'est vous qui toujours les emplissez. Je vous embrasse. Ne me gâtez pas trop, anges donateurs que vous êtes !* »

1. Le Centre médical de Bayère, créé en 1917, est situé dans le Beaujolais, entre Lyon et Villefranche-sur-Saône, au pays des pierres dorées, à deux kilomètres du village médiéval de Charnay.
2. La station thermale d'Uriage-les-Bains, dans l'Isère.
3. Il paraît finalement le 3 novembre 1946 aux Éditions du Milieu du monde, à Genève.

En attendant, ils partent pour la Suisse Dès qu'ils sont installés à l'hôtel Richemond, à Genève, Maurice Goudeket envoie aux Guillermet une carte postale représentant le fameux jet d'eau et le mont Blanc. « *Ce voyage à Genève, mes chers amis, est venu bouleverser des projets où vous figuriez. Cette visite aux Guillermet ne se fera donc jamais ! Et pourtant combien votre coin, par instinct, m'attire ! Son traitement n'a encore fait, à la pauvre Colette, aucun bien. Elle souffre et se meut avec peine, encore que le moral soit bon dans ce pays amène et abondant. Nous y restons jusqu'au 15 juin.* »

Mais c'est Colette elle-même qui écrit aux Brocard : « *Cher ami, je m'ennuie de vous, et du vin français. Il y a trente-trois jours que je subis, ici, un traitement… Je vous le raconterai. Mais vous pensez bien que si je le trouve dur, c'est qu'il l'est. Assez là-dessus. Et tenez pour certain qu'il ne me guérira pas. Mais je profite de la saison resplendissante, des fleurs qui surabondent, du Lac, et du ravitaillement. Maurice n'ose pas me laisser seule parce que j'ai trop besoin de lui. C'est un saint, c'est un parfait compagnon. Pauline m'écrit : "Si Madame ne fait pas attention pour Mr Brocard, Madame et Monsieur se trouveront au retour sans une goutte de vin." Bien. Vous voyez, cher ami, que je fais attention pour Mr Brocard. Il me semble bien, d'autre part, qu'à la suite de ma correspondance avec Mr Brocard fils, il me manque… une facture ! Inquiétante progéniture que ce jeune homme ! Voici, Patron, ma dernière et importante dette ; qui c'est-il qui l'a payée* [sic] *? Ça n'a pas l'air d'être moi.* » Quelques jours plus tard, elle poursuit sur un papier décoré d'un poisson avec un bouquet de marguerites où elle mentionne « *1*er *avril un peu en retard* » : « *Eh bien, mon pauvre ami, vous n'avez plus qu'à recommencer si… si vous le pouvez ! Ma fille, un ami revenant du Guatemala, et nous deux : ça suffit pour sécher tout. Et pourtant je freine tant que je peux.*

Jamais je n'ai été si en retard pour payer mes dettes : c'est que j'avais égaré le papier couvert de chiffres, de lettres cabalistiques, de verres consignés, de rendus et autres grimoires. Excusez-moi. Tous les démons s'acharnent sur ma jambe. Je vais être forcée d'aller à Uriage, temple des plaisirs, parfumé au soufre [sic], *– ce sera ma première saison thermale. Et ce sacré venimeux volume,* L'étoile Vesper, *qui ne paraît pas ! Comme c'était gentil, ces bouteilles envoyées par cycliste ! Vous êtes un bien chic type, et nous vous embrassons tous.* »

Et le 27 avril : « *Qu'est-ce qui va vous arriver, que vous n'attendez pas ? Vers les 11 h 30, un prochain jour, Colette et Maurice, dans une Simca fortement usagée, qui viendront, par un beau matin, voir les platanes, – et se faire payer un verre ! Ainsi l'a décidé Maurice Goudeket, pour fêter la guérison de son pied (blessure salement envenimée, depuis 8 jours, par la teinture d'une paire de chaussettes neuve bleu marine). Téléphonez, cher ami, afin que nous ne trouvions pas chais fermés ! Merci pour cette promptitude qui signifie amitié. Nous vous embrassons tous, et voici un petit chèque printanier, – couleur d'églantine.* »

Puis, le 13 juin, elle annonce son départ pour la montagne : « *Déjà un chrysanthème ? J'avance de quatre mois. Après tout ce n'est peut-être qu'un anthémis ! Cher ami, je pars peut-être le 20 pour Uriage, où l'on me lardera d'eau thermale les... parties inférieures de mon pauvre corps, qui souffre vraiment un peu trop. Dites, vous ne voulez pas qu'on aille vous saluer dans votre fief, avant le 20 ? Un coup de téléphone, et... un coup de rouge, le tout entre onze et midi ? Merci encore une fois, cher ami. J'espérais que* L'étoile Vesper *paraitrait avant l'été. Je t'en fiche, c'est remis à septembre, au plus tôt. À ce mot je joins un chèque, aussi modeste que reconnaissant. Et je serais bien contente de vous voir tous. Maurice est tout à vous. Et je vous embrasse très arthritiquement.* »

Colette part donc avec Maurice à Uriage dans l'Isère le 25 juin, pour une cure de trois semaines sous la houlette du docteur Roman. Elle avait déjà fait un court séjour dans cette ville en 1893 avec son premier mari Willy qu'elle venait d'épouser. Ici, on vit au rythme du passé, dans le charme désuet des grands hôtels et la discrétion de la station thermale que domine le massif de Belledonne. Les curistes partagent leurs loisirs entre les tables du casino, les bancs du parc verdoyant et les promenades revivifiantes.

Le 7 juillet 1946, Colette se réjouit très vite de son séjour auprès de ses amis de Limas : « *J'ai reçu, de Paris, un mot et une facture de M. Forget. Tout ça par vos soins ! C'est déjà réglé par chèque. Chers Guillermets*[1] [sic] *de mon cœur, j'en suis au douzième jour de ma cure. Pour la première fois depuis mon arrivée, je souffre moins. N'est-ce-pas éblouissant que d'attendre un soulagement et que de le voir arriver ? Je n'en pouvais plus, tant j'avais mal. Rien que le voyage... un cauchemar. Uriage est bien joli. Pas de passants, aucun bruit. Un peu trop froid pour le moment, mais à 50 mètres coule une source publique, sans vertus minérales, dont le seul et incomparable mérite est d'être froide et pure. Elle remplace le beaujolais. Chacun va la quérir à pleines carafes. O mes chers Guillermets, que je suis fatiguée ! On me prolonge ma cure, ici. Je tire trente jours. Quand viendrez-vous me voir à Paris ? Je mendie, à Madame Guillermet, une des lettres, toutes claires, toutes tendres, comme elle sait les écrire. Et j'embrasse toute la famille, de bon cœur. Ici jusqu'au 26. Et titulaire d'un bain, et de six piqûres d'eau tous les jours !* »

Effectivement, la cure est prolongée. Les Guillermet profitent de quelques jours d'accalmie en Beaujolais, avant le

1. Colette utilise le nom propre des Guillermet indifféremment au singulier ou au pluriel. Nous respectons son choix orthographique dans tous les cas.

grand rush des vendanges, pour faire le voyage à Uriage et passer quelques instants auprès de Colette, dans l'espoir de lui faire oublier ses douleurs. Mais la maladie ne cède pas un pouce de terrain. En retrouvant son appartement du Palais-Royal quelques jours plus tard, elle recommence à broyer du noir et s'en ouvre à ses amis de Limas le 22 août : « *Que j'ai été malade ! Cela veut-il dire que je ne le suis plus ? Non, puisque rentrée à Paris depuis huit jours exactement, je n'ai pas encore la permission de descendre au jardin et de faire cent mètres à pied. La cure finie (trente jours) et souffrant toujours davantage (on m'a ramassée dans ma chambre le trente et unième jour) Maurice m'emmena chez les amis, près de Grasse, d'où nous devions repartir pour Villefranche-Limas. Et là mon état ne fit qu'empirer, si bien, ou si mal, que l'urgence fut de me ramener à Paris par les moyens les plus expéditifs. On recourut au Préfet des Alpes-Maritimes pour un avion. Le Préfet n'avait pas encore rejoint son poste : pas de réponse. Prospections à Grasse, Cannes, Nice, pour un avion : pas de places. Enfin, deux sleepings, et j'arrive ici dans un état de démolition avancé, il y a eu hier une semaine. L'enquête médicale nous apprend que mes misères aigües sont les premiers effets du traitement d'Uriage, et qu'il faut plutôt m'en réjouir que m'en lamenter. N'empêche que cela paraît dur. On exige de moi deux mois d'oisiveté complète (chic !) puis deux autres mois d'iode et de rééducation. Qui eût cru cela de moi? Maurice a été un ange, une légion d'anges, tout un firmament d'anges. Mais je l'ai bien inquiété. Le Dr Roman, celui d'Uriage, est prodigieusement intéressé par mon cas. C'est toujours ça. Je patiente, par un joli petit temps de novembre. Paris est encore vide, mais je ne m'en aperçois pas. Le Palais-Royal est un charmant désert. Écrivez-moi, mes chers Guillermets. Plaignez-moi d'avoir, cette année encore, raté Limas. Maurice en est aussi marri que moi, et tout autant que moi votre ami, et il vous embrasse comme je vous embrasse.* »

Épuisée en réalité par cette cure qui s'est éternisée, elle se confie à Lucien Brocard le 20 septembre : « *Cher ami, nous avions bien besoin de ce réconfort! Combien de temps les suites de cette cure vont-elles encore me laisser sur le flanc? En octobre, un autre bouffon entre dans la fête : l'iode. On verra ce qu'il sait faire. Je vous jure que je ne suis pas trop douillette. Mais depuis pas mal de temps, je "prends". N'ayez crainte, quand vous viendrez me voir, je ferai bonne figure. Et je ne renonce pas à aller encore une fois boire le coup sous les beaux platanes. Cher ami, je vous embrasse tous de bon cœur.*

« *Maurice (je lui donne du souci, le pauvre) est toujours votre amicalement.* »

Pour surmonter ses douleurs, elle consent maintenant à les laisser paraître, ce à quoi elle se refusait absolument auparavant. Mais elle s'efforce au stoïcisme face à ce mal inguérissable et tenace dont personne n'arrive à la soulager. Le 23 octobre 1946, elle se console en écrivant une nouvelle fois à Made Guillermet : « *Ô ma Guillermette ! Je suis une correspondante de rien du tout. Cette sacrée année 46 m'en fait voir de dures. Pour changer, je souffre beaucoup. J'attends le docteur Roman, celui d'Uriage. Il viendra en novembre et passera l'hiver ici. En l'attendant, je prends de l'iode, qu'il m'a ordonné. Assez là-dessus. Je ne suis pas un sujet décent de conversation, et cette lettre ne sera qu'une pauvre lettre, indigne de votre atmosphère. Je garde avec moi votre dernière lettre. Elle est ma fraîcheur et mon enclos fleuri. Que ne suis-je une "petite quenelle nouvelle !" Que ne suis-je un "fruit cueilli au matin !" Heureusement que j'ai mon bon compagnon, que je comble d'ailleurs de souci. Sa patience est inlassable. Et pourtant, rien qu'avec cette honteuse pénurie de vin, il y a de quoi jurer les grands jurons. Où es-tu, vin jeune et coulant ? Mes chers Guillermets écrivez-moi. La couleur de votre lettre sera mon dernier éclat de l'été. Il pleut. Le ravitaillement et ses fantaisies sont de sales blagues.* »

Le 4 novembre, quand elle s'adresse aux Brocard à Bercy, on sent bien qu'elle reprend des couleurs, même si elle regrette que cette cure longue et fatigante n'ait pas l'air de lui procurer tous les effets bénéfiques attendus : « *Eh bien, on n'a plus rien à boire, cher ami. Je remplace le vin par des doses quotidiennes d'iodalose qu'on m'ordonne. Mais cet ersatz ne saurait suffire. Figurez-vous que j'ai failli avoir… un érysipèle* [sic] *! Je ne me refuse rien. Mais je crois que c'est raté. Je voudrais des nouvelles, et des visites. Et du vin bon dieu. Cher ami, la cure d'Uriage fait douloureusement attendre ses effets. Je vous embrasse tous de bon cœur.* »

À la fin de ce même mois, elle est folle de joie en recevant à nouveau quelques dives bouteilles en provenance directe de Limas en Beaujolais. Ce vin qui la soulage. Qui lui permet d'oublier ses douleurs pendant quelques heures, qui a un effet à la fois analgésique et stimulant. Le 23 novembre elle décrit très précisément ce qu'elle ressent aux Guillermet : « *Il est là, et en bouteilles, ce vin adolescent qui « goûte » la framboučze, comme on dit chez nous ! Je sens que c'est un vin « qui ne se conserve » pas comme disait Annie de Pène*[1]. *Pendant l'ancienne guerre, elle hantait les confiseries (il y en avait !) et achetait des gâteaux, desquels elle me disait, d'un air désabusé : "Ce sont des gâteaux qui ne se conservent pas. – Comment le savez-vous ? – J'en suis sûre : rien qu'entre la rue de la Pompe et le bout de l'avenue Henri Martin, je les ai tous mangés." Avant-hier nous avions ici nos*

1. Annie de Pène (1871-1918) journaliste, romancière, libraire, éditrice, a rencontré Colette en 1914, peu avant le début du conflit. Pendant toute la guerre, elles mettent en commun leurs peurs et leurs solitudes avec celles de Musidora et de Marguerite Moreno. Sa fille, la femme de lettres Germaine Beaumont (1890-1983) deviendra également l'amie de Colette. Leur correspondance a été publiée chez Flammarion en 1995 par Francine Dugast, *Lettres à Annie de Pène et Germaine Beaumont*. Elle comprend quatre-vingt-cinq lettres de Colette à Annie de Pène écrites entre 1914 et 1918 et cent quarante-sept à Germaine Beaumont entre 1915 et 1953.

amis Polignac-Pommery : ils n'ont pas voulu entendre parler des trois bouteilles de champagne qu'ils apportaient et se sont régalés du charmant cru Guillermet. Merci aussi pour le long panorama. Mais est-ce qu'on y distingue votre maison ? Ma lettre est stupide comme moi-même : je travaille à une tâche abrutissante : le dialogue d'un film tiré de Gigi[1]. *Sale métier. Je débute trop tard. Il fait froid. Écrivez-moi. Je voudrais acheter du vin. Pourquoi ne voulez-vous pas croire que j'ai l'esprit commerçant ? Votre incrédulité m'humilie. Je vous embrasse tout de même le museau et les mains seuls hors de mon cocon de couvertures. Paris n'est que grippes. Ne soyez pas malades !* »

Entre-temps, son mari a sympathisé avec Jean Guillermet à propos de leur métier commun. Maurice, bibliophile averti, a créé en 1945 avec Pierre Berès[2], grand libraire et expert parisien, impressionnant collectionneur de manuscrits et d'ouvrages rares, une petite maison d'édition, La Palme, consacrée aux arts et aux sciences humaines. Le 2 décembre 1946, Maurice questionne Jean Guillermet à propos d'un des livres de sa bibliothèque dont celui-ci sou-

1. *Gigi*, film de Jacqueline Audry avec Danièle Delorme, Gaby Morlay, Jean Tissier, Yvonne de Bray sortira sur les écrans en 1950.
2. C'est lui qui, lors de la vente de la bibliothèque de Maurice Goudeket en mars 1961, tient le rôle d'expert aux côtés du libraire Fernand de Nobele pour le commissaire-priseur Maurice Rheims.

haite se séparer : « *Un Molière de Boucher*[1], *second tirage en veau, cela n'est guère très facile à vendre. A-t-il les tranches dorées ? La reliure est-elle intacte ? Décrivez-la-moi. Mais il faut déjà un exemplaire très frais et agréable pour qu'on puisse le payer une quarantaine de mille francs*[2]. *Merci en tout cas d'avoir pensé à moi. Continuez à me signaler des livres. Peut-être que cela me donnera l'occasion d'aller enfin vous voir un jour. Ça ne peut pas rater toujours. C'est que je garde un si bon souvenir de notre trop brève rencontre à Uriage.* »

Quelques jours plus tard, Colette reprend la plume sur une carte postale pour une courte missive : « *Je vous souhaite la bonne année, sur une carte de Ploumanach, qui est à portée de ma main, pour ne pas me lever, car Pauline est sortie et Maurice couché avec la grippe, et tousse à réveiller une marmotte hibernante. À bientôt une vraie lettre, quand nous irons mieux ! À tout de suite nos vœux les plus chauds, et grandes accolades d'amitié.* »

En cette nouvelle année 1947, Lucien Brocard reçoit le 2 février cette missive enthousiaste de l'écrivaine : « *A bouère, à bouère, patron ! Voulez-vous que nous allions, à travers neiges et verglas, jusqu'à Bercy ? On mettrait un foudre dans la Simca ? Je cherche en vain à vous atteindre depuis le déjeuner, il y a sûrement un rat dans le téléphone. Je vous espère, vous adjure et vous embrasse.* »

---

1. Il s'agit de l'édition des *Œuvres complètes* de Molière en six volumes, parue en 1765 chez Arkstée & Merkus à Amsterdam, illustrée de gravures en taille-douce de Boucher.
2. Environ trois mille euros.

Maurice Goudeket de son côté prolonge sa correspondance avec Jean Guillermet, le 14 février 1947, à propos du fameux Molière en six volumes : « *Mes chers amis, j'aimerais bien que ce Molière de Boucher sût me servir de prétexte pour venir vous voir, mais je suis fort occupé en ce moment. Mais lui est-il défendu, à lui, de voyager, et ne pourriez-vous pas m'en envoyer un ou deux volumes ? Je sais, d'autre part, que les notaires n'aiment pas prendre de responsabilités. Alors ? Je crois qu'il faut attendre. Peut-être une autre affaire se présentera-t-elle à vous, qui justifiera mieux le voyage. Le prix offert par vous n'est pas un mauvais prix si, comme vous me l'avez écrit, la reliure est tardive, car la librairie ici est plutôt calme pour tout ce qui n'est pas de premier ordre. Ne viendrez-vous pas bientôt à Paris ? Colette me charge de vous embrasser, et, ma foi ! je fais comme elle, si vous m'y autorisez.* »

Le 27 février Colette reprend allègrement sa plume pour remercier sa chère amie Madeleine de la nouvelle livraison du précieux nectar salvateur en provenance directe des vignes de Limas : « *Vite, vite, ma Guillermette, le nom du brave type qui me cède cette mirifique, cette ravissante bonbonne au sang fruité ! Il n'y avait aucune facture jointe, et nous nous sentons tout gauches. Ma Guillermette, ne le dites pas : après un strict repos nécessaire, le charmant vin est monté jusqu'à la table, et du premier choc j'en ai bu trois verres ! Pour une pauvre créature cloîtrée depuis le 5 décembre, ce n'est pas mal ? Oui, hélas, à la chambre depuis le 5 décembre, sauf trois sorties d'une heure. Trop mal jambe, et trois rechutes grippe. N'en parlons plus. J'aime bien mieux me réjouir de cette couleur, de cette fraîcheur, de cette chaleur toutes trois encloses dans le même vin. Comme mes Guillermet savent choisir ce que j'aime ! Et puis c'est un tour de force de l'amitié : hier passait par chez moi un gros marchand de champagne bibliophile !, qui naturellement est dégoûté du champagne. Il cherche une pièce de beaujolais pour lui, et ne la trouve pas encore. Ce genre de rubis est rare. Quand venez-vous à Paris ? J'attends (de Genève) mon prochain livre pour vous l'envoyer, mais personnellement je n'aime plus ces crus de souche trop vieille. Maurice jure qu'il va "encore" écrire à Made (il dit Made tout court). Il fait interminablement froid. Je vous embrasse tous. Made, écrivez-moi une lettre pleine de futur printemps.* »

Le printemps est arrivé. Colette, de plus en plus sensible aux miracles de la nature, s'extasie devant ses prodiges et en fait part aux Guillermet. Sa lettre est datée du 7 juin : « *Ici aussi, tout croule sous le poids des fruits et des roses. Mais on ne peut qu'en acheter. Et nulle part je ne peux aller en cueillir moi-même. Pourtant il ne faut pas que je pleure trop. Après trente-quatre jours de traitement qui semblait inutile, un mieux se dessine et je touche du bois. Non que je puisse marcher, mais c'est déjà bien beau de souffrir moins. C'est comme une promesse que me fait mon mal. Dans une quinzaine, il ne m'est pas défendu de songer au retour – si rien ne vient à la traverse. Moi aussi, chère Made, j'ai une confiance inguérissable mais une fois rentrée à Paris mon traitement n'est pas fini. Je ne rentrerai qu'à condition de lui être fidèle jusqu'à ce que mon gros amour de docteur suisse soit venu me ranger dans la tournée de ses malades parisiens. Cet homme charmant souffre en ce moment de son cœur. L'autre jour il a dû interrompre mon massage gras glacé (hormones) je le voyais pâlir. Vive le vin français, mes très chers. Effet du traitement ? Je ne peux pas avaler une gorgée de vin suisse. Et je bois une eau gazeuse locale, avec du citron pressé. Je n'oserais pas lever les yeux sur vous. Peu à peu, gorgée à gorgée, je serai reconquise au bon goût. Patientons. Je ne sais presque rien, vous voyez, de ma deuxième moitié d'année. Une certitude pourtant : le change suisse nous aura mis à peu près à sec. N'y pensons pas ! dit Maurice qui est un sage. Pensons aux Guillermets, aux roses, aux caves, au Morgon, à l'amitié. Depuis trois séances, je ne suis plus forcée de tomber à 8h 1/2* [sic] *dans mon lit, et j'ai pu dîner à table en bas. Jean, Made, je vous embrasse d'un cœur bien affectueux, et Maurice aussi.* »

Ce morgon qui revient très souvent dans son œuvre est l'un des dix crus du Beaujolais, l'un des plus riches, puissants et charpentés de la région, élaboré essentiellement à partir de gamay.

XI

EN ROUTE VERS LE BEAUJOLAIS

Le 11 août 1947, ça va mieux, elle sent approcher le mois de septembre et le moment tant attendu où elle va enfin découvrir Limas. C'est Maurice qui s'en ouvre aux Guillermet et propose même d'anticiper ce voyage de quelques semaines : « *Mes chers amis, nous nous sentons si vivement attirés vers vous que nous aurons du mal à attendre septembre. Et que penseriez-vous du 28 ou du 29 août ? Dites-nous bien franchement si vous n'avez pas d'autres engagements. Nous faisons toujours beaucoup d'histoires Colette et moi, pour aller habiter chez des "estrangiers" et cela ne nous est guère arrivé depuis que nous nous connaissons, mais voilà ! les Guillermet c'est de la famille, et de la famille choisie, ce qui est encore beaucoup mieux ! Nous avons l'impression de rejoindre un nid, avec lequel les ravissantes descriptions de la Guillermette nous ont déjà familiarisés.*

« *Je tâcherais d'aller au jamboree*[1] *la semaine prochaine, faire la connaissance de mon "neveu" Claude, mais c'est*

1. Rassemblement de scouts.

probablement chercher une aiguille dans une meule de foin. Écrivez-lui donc que s'il peut venir à Paris il ne manque pas de venir déjeuner ou dîner à la maison.

« Le Palais-Royal aussi était un court-bouillon durant la vague de chaleur. Il est redevenu ravissant avec ses althaeas en fleurs, ses gros balisiers un peu parvenus et ses roses qui boivent une pluie légère. La chaleur avait fatigué Colette, le temps gris l'a bien remise.

« Jean, nous irons à la chasse de tout, des bouquins, du pinard, des vieilles pierres… Je ne sais pas ce que nous rencontrerons, mais ce sera à coup sûr l'amitié. »

Il leur écrit aussi une carte postale quelques jours plus tard de Grasse où ils achèvent leur séjour estival chez les Polignac : « *Où êtes-vous, mes chers ? Vacances délicieuses ici, pour moi surtout hélas ! Car Colette, quoiqu'assez bien, ne peut pas courir comme moi, de-ci de-là. L'étape de Limas, à la fin du mois, serait bien séduisante, mais il faut chercher pour Colette la moindre fatigue et nous reviendrons en avion ou en W.L.* [1]. »

Maintenant c'est certain, ils vont enfin visiter leurs amis au cœur du Beaujolais. Colette est ravie de leur confirmer le 17 août leur récente décision : « *O mes chers Guillermets ! Il se trouve que tout s'arrange à merveille, que nous partirons de*

1. Wagon-lit.

Paris le 2 septembre ou le 3, et que nous espérons ne pas vous être trop lourds.

« Que l'Angleterre vous soit fraîche ! Ici c'est impossible. Dans la marge d'ombre de la fenêtre, le thermomètre marque 40, il est quatre heures d'après-midi. Ces nuits-ci, entre minuit et 4 heures, 29 et 31. J'économise mes mouvements, les arbres du jardin ont des feuilles en pommes frites. C'est triste, tout souffre.

« Donc, que Marinette ne s'affole pas. Et que la Louise rentre bien tranquillement. Et que mes chers Guillermets (avec un s) ne trouvent pas, en rentrant, leur maison envahie par les barbares.

« Ne vous en faites pas pour l'honnête Julien, chauffeur sexagénaire. Il a l'habitude. On le collera dans une auberge, et le reste du temps il promènera ces messieurs Jean et Maurice de chai en chai.

« Nous vous embrassons de tous nos deux cœurs, mes chers amis. »

Elle le confirme aussitôt à sa fidèle amie de toujours, Marguerite Moreno, dont elle va préfacer le recueil de souvenirs qui paraîtra l'année suivante[1] : « *Maurice m'emportera, vers le 3 ou le 4, jusqu'à Limas près de Villefranche, chez des amis très simples et bien gentils. D'une*

1. *Souvenirs de ma vie*, Éditions de Flore, 1948.

chaise-longue sous un arbre, pendant une semaine, j'écouterai les sons lointains des vendanges – lointains car les Guillermet ne sont pas vignerons » écrit-elle le 28 août 1947. Puis « *Nous partons pour Limas jeudi. Ne sachant plus si je t'ai donné mon adresse (pour 8 ou 15 jours selon mon état) la voici : chez M. Jean Guillermet, Limas, Villefranche-en-Beaujolais, Rhône* » confirme-t-elle le lundi 1er septembre. Folle de joie de faire ce voyage, elle en parle également le même jour à Éliane Carco, l'épouse de Francis, son ami de toujours et collègue du jury du prix Goncourt : « *Nous partons après-demain pour un village qui s'appelle Limas. Nous serons chez des amis, aussi paisibles que le village lui-même, pendant une huitaine de jours. Si tu entrevois une possibilité de charbon pour nous, tu as carte blanche ou noire*[1]*...* »

Il est vrai que les restrictions sont encore pesantes en ces temps d'après-guerre. Heureusement elle a des combines. Pour le vin, cette fois c'est Pierre Moreno, le neveu de Marguerite, comédien lui aussi, qui s'y colle. Elle le remercie vivement : « *Il est arrivé deux fûts de vin ! Que c'est agréable, ce trouble causé par une substance aussi vivante que le vin ! Songe donc, depuis des temps et des temps nous n'en avons la couleur et le goût que grâce à Brocard (Bercy) mais il ne peut lui-même que nous "dépanner" par huit bouteilles de rouquin par-ci, huit de blanc par-là. Et nous n'avons l'envie, Maurice*

1. *Lettres à ses pairs*, Flammarion, 1973.

et moi, ni d'une bibine affreuse, ni du vin à trois cents balles la bouteille. Tout s'est très bien passé, et maintenant, comme dit Pauline, "la cave sent le vin !" […] Combien de temps faut-il le laisser sommeiller dans la cave, quand le mettre en bouteilles, etc. Pour la date où il sied de le boire, nous n'avons pas besoin d'instructions[1] » écrit-elle ironiquement le 27 août.

À propos des fûts qu'ils ont reçus en provenance de Bercy (donc de chez les Brocard), il semble qu'il y ait un problème : « *Je t'envoie un chèque, ci-joint, et un grand merci pour ton avertissement au sujet du tonneau suspect. J'aurais dû me méfier de lui. Le vin qu'il a contenu autrefois avait un goût, à peine discernable, mais le vin est chose si subtile et pleine de mémoire ! On y veillera, tu penses* » écrit-elle à Pierre Moreno le 1er septembre. Huit jours plus tard, elle poursuit depuis Limas : « *Le vin, nous ne le goûterons que la semaine prochaine, nous nous conformons à tes instructions. On vendange tout autour de nous…* »

1. *Lettres à Marguerite Moreno*, op.cit.

XII

RETOUR DE LIMAS

Les Guillermet et les Goudeket se sont enfin retrouvés. Une semaine de bonheur et de sérénité. Colette y a oublié ses souffrances et consolidé son amitié avec Madeleine. Maurice a partagé ses passions des livres anciens et du bon vin avec Jean. La petite ville de Limas est adjacente à Villefranche-sur-Saône, située à trente kilomètres au nord de Lyon, devenue capitale du Beaujolais, que Colette a rebaptisée Villefranche-en-Beaujolais. Entourée de vignes en rangs serrés qui forment de colline en colline une longue sinusoïde, Limas doit son charme aux caves et chais qui abritent les futurs grands crus de gamay, l'essentiel du cépage de la région…

Colette raconte son retour le 17 septembre : « *Je ne vous dirai rien de ce voyage torride. Sachez seulement qu'à chaque kilomètre je croyais perdre successivement un peu de ce qui me rendait la vie douce : premièrement ma Guillermette*[1]

1. Il s'agit de Madeleine Guillermet.

incomparable; 2° mon grand chien danois des cristalleries[1]*; 3° ma Suzon du vendredi*[2]*; 4° mon Page en crise de croissance*[3]*; 5° ma Vizou*[4] *du matin…*

« Et je ne dis pas tout. Pauline a cherché à me consoler en m'apportant ce matin un petit bol de soupe, mais…

« Au fond, la grande sagesse consisterait à ne jamais aller que chez des gens très désagréables. En les quittant, on improviserait sur la route un petit pas de danse, en versant quelques pleurs de joie. J'y penserai.

« Mes chers Guillermets, je suis couchée et fourbue. Un grand sirocco soulève tout le sable du jardin. Ma fille est près de moi. Le téléphone reprend son activité… Je voudrais être assise dans la vasque. Maurice m'arrache – avec sa brutalité bien connue – la plume des mains.

« Je vous embrasse tous avec regret et tendresse, rossignols de muraille compris. »

Maurice s'empresse de faire de même le lendemain, le temps de s'occuper des tâches administratives qui encombrent son bureau. Il raconte le retour vers Paris et se souvient des doux moments qu'ils ont passés dans la tiédeur de cette fin d'été auprès de leurs nouveaux amis qui sont maintenant devenus très proches : « *Mes chers amis*

1. Surnom donné par Colette à Jean Guillermet.
2. Suzanne, la fille de Madeleine et Jean Guillermet.
3. Claude, le fils de la famille.
4. La chatte siamoise mordorée…

– et – désormais – indispensables – Guillermets, il est vrai que la traversée de la Bourgogne calcinée sous un souffle de feu, hier après-midi, était une épreuve digne de Saint-Laurent. Et quand on porte avec soi de cuisants regrets, cela n'est pas fait pour vous rafraîchir. Nous avons dû faire une longue halte à Avallon pour reprendre haleine, et nous étions à Paris à six heures du soir, la Simca ayant ronflé allègrement tout le long du chemin.

« J'aimerais ouvrir le chapitre : "louanges Guillermet", mais je connais d'une part votre modestie, et d'autre part, comme disait Musset :

Et le moins que j'en pourrais dire
Si je l'essayais sur ma lyre,
La briserait comme un roseau.

« Mais vous ne pourrez pas m'empêcher de penser encore longtemps à ces dix jours exquis passés avec vous, dans une atmosphère de gentillesse unique, dix jours voués à la pure amitié. Peu à peu les choses vont prendre leur place définitive dans le souvenir, tel déjeuner, tel moment de telle promenade, tel silence même, dédié à la chaleur du cœur.

« Dix jours ont suffi pour que nous trouvions, dans les jardins du Palais-Royal, l'automne installé. J'ai trois rendez-vous cet après-midi, le percepteur agite des feuilles menaçantes, les assurances sociales posent des questions indiscrètes… ah ! qu'on était bien à Limas à l'ombre du séquoia !

« Ne nous laissez pas sans nouvelles, puisque tout ce qui vous concerne fait dorénavant partie de nous.

« Je vous embrasse en vous serrant contre mon cœur, sans oublier Suzon, toute en sensibilité retenue, ni Doddie, poulain lâché dans le pré qui a bien voulu me donner l'illusion d'une quatrième (ou cinquième) jeunesse. »

Le 22 septembre, Colette reprend sa correspondance avec Pierre Moreno à propos du fameux vin de chez Brocard en des termes appropriés : « *Les deux pipes sont embouteillées. Ton vin est parfait, tel que je l'aime et que Maurice l'apprécie, belle robe et aucune acidité. Je viens de boire un grand verre du second tonneau et je n'ai que des compliments à t'en faire. [...] La deuxième pièce a été mise en bouteilles aujourd'hui lundi.* » Il faut peut-être rappeler que la pipe, synonyme de tonneau, fût, futaille ou baril, peut contenir plusieurs dizaines de litres.

L'automne 1947 s'est installé dans l'appartement du Palais-Royal. La rentrée littéraire est chargée pour Colette qui doit se résigner à se déplacer de moins en moins. Cette année le prix Goncourt est une nouvelle fois attribué à l'éditeur René Julliard pour le livre de Jean-Louis Curtis *Les Forêts de la nuit*, magnifique roman sur la Résistance qui ramène en 1942, dans une petite ville de province limitrophe de la ligne de démarcation, où un jeune homme de dix-sept ans devient passeur pour aider les résistants à atteindre la zone libre. Ce n'était pourtant pas gagné d'avance pour Julliard qui, pétainiste convaincu, a installé Séquana, son club du livre, à Vichy. Il y a édité d'abord des ouvrages maréchalistes, avant de se diversifier en publiant sous pseudonyme, pour éviter les foudres de la censure, des ouvrages de Jean Zay, l'ancien ministre du Front populaire. Son comportement équivoque lui permet d'échapper aux comités d'épuration au moment de la Libération et de publier rapidement Éluard et Aragon, puis Kessel. Dès 1946, il obtient son premier Goncourt avec le roman de Jean-Jacques Gautier *Histoire d'un fait divers*. Cette peinture d'un crime sanglant dans le Paris mal famé de cette époque plaira beaucoup à Francis Carco, Roland Dorgelès et Colette. René Julliard renouvellera l'exploit en 1948 avec *Les Grandes Familles* de Maurice Druon. Peu d'éditeurs ont réussi le triplé depuis la création du célèbre prix.

Le 13 octobre 1947, Colette, avide de nouvelles fraîches de ses amis du Beaujolais, prend quelques minutes pour les relancer : « *Que de temps sans vous voir, sans vous lire, sans vous écrire ! Ce n'est pas tenable. C'est sans doute ce silence, cet éloignement qui m'ont foutu la grippe. Une grippe à éternuements en série, à mal de tête, à gorge rouge semée de petits dessins blancs (ravissant pour papier de tenture), à toux cuisante. Mais Dieu qui est mon allié vous a suggéré de m'envoyer ce vinaigre estragonné, et cet ail, ces aulx durs comme du silex. Ce soir, pour me consoler, je dînerai d'un pain grillé frotté d'ail et de sel, et d'un comprimé d'aspirine comme dessert.*

« La sécheresse continue. Maurice travaille. J'ai mal à la jambe. Où sont mes beaux matins beaujolais, la visite de Made le matin, ma soupe, et Vizou ? Où, le grand danois consommateur de cristaux et de salade ? Où, la fille au beau sourire qui vient le vendredi, et mon page ? Comment se comportent les queue-rousse[1] *[sic] par le froid ? Et la brèche dans la haie ? Et Louise qui me dorlotait ?*

« Mes très chers, nous pensons beaucoup à vous, même quand ça ne se voit pas. Et nous sommes vos fidèles.

« Mauricetcolette.

« Les charmants Geoffray ont envoyé un fromage… herculéen, merveilleux ! »

Le 6 novembre 1947, Maurice s'adresse à Jean Guillermet à propos de la vente d'un des ouvrages d'Anatole France en provenance de sa belle bibliothèque : « *Jean de mon cœur, que deviens-tu, pourquoi n'écris-tu pas, quand viens-tu à Paris ? Comme les enfants gardent du sommeil dans les yeux, je ne suis pas encore tout à fait revenu de notre séjour enchan-*

1. « Queue-rousse » est sans doute la façon de Colette de désigner un Rougequeue, petit oiseau gris noirâtre, avec le ventre gris et la queue rousse.

teur à Limas : j'y pense souvent et nous parlons de vous deux, Colette et moi.

« J'ai eu du mal avec ton Crime de Sylvestre Bonnard[1] *parce que les couvertures n'étaient pas tout à fait assez fraîches et que tout le chic de ce livre est là, mais j'ai pu le faire filer dans un échange, où je le comptais pour tes dix-huit mille*[2]*. Veux-tu que je t'envoie un chèque pour cette somme ou aimes-tu mieux que je te la remette quand nous nous verrons. Je crois que ce n'est pas mal vendu.*

« Comment va Made la parfaite, comment vont les enfants ? Ne nous oubliez pas, gardez-nous votre faveur. »

Le 12 novembre, Colette se rappelle à son ami Lucien Brocard pour remplir sa petite cave : « *Cinquante fioles ! C'est chic, cher ami. Je me réjouis d'avoir un rosé à goûter. Et je vais essayer de cacher le blanc, qui passe encore plus vite que la saison des roses, et de le garder pour nous deux Maurice* [sic]. *Vienne le beau temps, et nous envahissons Bercy-Charenton, à seule fin d'aller rafraîchir un verre sous le robinet. Beaucoup souffert de la patte, par ce sale temps froid et collant. L'éditeur suisse dit que* L'étoile Vesper *"sortira" avant un mois… Pourvu que j'en fasse autant ! Cher ami et*

1. Il s'agit sans doute de l'édition de 1921, parue chez Carteret, avec des illustrations d'Edmond Malassis gravées à l'eau-forte par Léon Boisson. L'édition originale de ce premier roman d'Anatole France a été publiée en 1881 chez Calmann-Lévy.
2. Environ mille trois cents euros.

Providence, je vous dis à bientôt. Oh, pendant que j'y suis, vous n'avez pas un peu de vinaigre à me céder ? Du vinaigre qui serait fait avec du vin, si invraisemblable que ça paraisse ? J'embrasse toute la famille, cher ami. Maurice aussi. »

Le lendemain, André Gide devient le septième français récipiendaire du prix Nobel de littérature, succédant ainsi à Sully Prudhomme, Frédéric Mistral, Romain Rolland, Anatole France, Henri Bergson et Roger Martin du Gard. Maurice Goudeket précède Colette pour s'adresser aux Guillermet le 16 novembre : « *Mes très chers, comme vous ne m'avez pas répondu pour le règlement du "Crime" (un vrai règlement de comptes), je vous envoie à tout hasard un chèque : si cela offre un inconvénient quelconque, retournez-moi le chèque et nous nous arrangerons de la main à la main.*

« *La bonne lettre de Made nous a ravis, en nous replongeant dans une atmosphère qui nous a été si sympathique. Je vois – comme si j'y étais – Made, avec sa douce autorité, ordonnant les gens, les bêtes et les choses, pour que règne l'harmonie au foyer, et le grand Jean courant la campagne en quête d'un service à rendre ou d'une responsabilité à assumer.*

« *Si je comprends bien, Doddie est resté avec vous, et je ne trouve pas ça une mauvaise idée. Bientôt il pourra doubler Jean – mais pas en taille surtout.*

« *J'attends Jean pour lui remettre quelques beaux "Colette" que j'aime autant ne pas confier à la poste. En vérité nous vous attendons tous, et plus vous serez de Guillermet, et plus nous serons contents.*

« *J'embrasse les enfants et je vous embrasse bien, bien affectueusement.*

« *Colette prépare son stylo préféré pour vous écrire.* »

Effectivement, elle le fait le 22 novembre : « *Si vous ne m'aviez pas écrit, ô mes Guillermets, je faisais un malheur! Maintenant que me voilà rassurée et assurée, je laisse passer cyniquement les jours avant de vous répondre. Et cette lettre même ne sera qu'un mince chiffon de papier parce que je ne suis pas encore délivrée des Goncourt au point de vue lecture. Made, songez, plus de cent volumes! Nous ne devions pas "lire" après le premier novembre. Et ça a continué… Ne me faites pas trop désirer une évasion vers Limas, en ce moment, c'est un espoir sans conviction !*

« *Je subis ce que je ne peux empêcher. Et cette garce de jambe… N'en parlons pas. Oh! je ne suis pas sans désirs! Je voudrais ma soupe de légumes le matin, je voudrais la visite de Made portant "Vizou" dans ses bras. Et ce n'est pas tout! La journée d'aujourd'hui a été si douce que je crois encore à l'été beaujolais. Mais on sent bien que c'est un accident.*

« *Chère Made, je vous jure que le ton de vos lettres n'est qu'à vous, et qu'aucun autre ne peut m'émouvoir autant. Dites à mon grand Danois des Cristalleries que je l'aime toujours. Et que je donne rendez-vous (en pensée seulement, hélas) à toute la famille, sous le séquoia, parmi les rossignols de muraille.*

« Maurice est votre ami dévoué. »

Ils alternent de plus en plus souvent car Colette est préoccupée par sa santé déclinante et ses obligations qui croissent chaque jour. Maurice s'implique dans la carrière et l'œuvre de sa femme, en l'aidant à écrire ses discours, et même certains articles destinés aux journaux. En plus de l'intendance qu'il gère à merveille et de l'administration de la carrière de l'écrivain, il lui arrive effectivement de la remplacer lorsque les délais de remise sont serrés et que Colette faiblit. Vivant à ses côtés depuis plus de vingt ans, il est en osmose parfaite avec son style et sa pensée pour utiliser ses mots, ses tournures de phrase et son ton mi-ironique, mi-sérieux dans le déroulé des articles, de commande la plupart du temps. Il devient en quelque sorte ce qu'elle avait été pour son premier mari, Willy.

Ainsi, le 27 décembre 1947, Maurice prend la plume pour les traditionnels vœux : « *Bonne année, bonne année, pain et gloire à tous les Guillermet, à Jean-le-Magnifique, à Made-la-Parfaite, à Suzanne-la-Sagace, à Claude-le-Pionnier ! Que vos vœux soient satisfaits et retombent sur vous en pluie d'or, que vos travaux aient le goût et le parfum du miel, que votre jardin soit un éden et votre basse-cour se mue en arche !*

« Et puis, qu'on vous voie un peu plus souvent à Paris! Pour le moment, c'est un vrai scandale, et c'est très fatigant de tenir tout le temps les bras ouverts sans pouvoir les refermer sur l'un de vous.

« Nous avons ici un temps de Toussaint plutôt que de Noël. Nous passons, Colette et moi, les fêtes les plus calmes possibles, préférant notre tête-à-tête aux agapes et réjouissances forcées. Le 24, nous avons écouté à la radio une messe de minuit à grand fracas d'orchestre, et je me disais que j'eusse préféré une messe de campagne avec des voix un peu rudes, à Limas par exemple, avec notre famille beaujolaise. Ce sera peut-être pour une autre année!

« Colette – souffrance à part – n'est pas mal du tout, gaie, vivante, et même ayant repris goût au travail. Pour moi, je mène l'existence du sage, ayant renoncé aux trop longues entreprises et m'efforçant de tirer de chaque jour ce qu'il veut bien m'offrir de délectable.

« Mes bien chers Guillermets, je vous serre contre mon cœur.

« Votre fidèle

« Maurice

« Vœux et compliments pour Marie-Louise, Marinette, la chatte et tous autres! »

Mais Colette ne peut s'empêcher de clôturer cette année en leur écrivant à son tour le 29, d'autant qu'il s'agit de bonne chère, un des rares plaisirs qu'elle s'octroie maintenant alors qu'elle vient d'avoir soixante-quatorze ans : *"Sitôt pris, sitôt pendu" dit le proverbe. Et je dis : sitôt reçu, sitôt mangé. O mes chers Guillermets, vous nous damerez toujours le pion pour toutes les gentillesses. Ce canard, épinglé d'une petite note précautionneuse, je sais, je vois d'où il vient, comment, par qui il a été nourri. Made, c'est honteux à avouer, mais nous l'avons mangé à nous deux Maurice et moi, dans sa sauce bien brune, avec son foie et son "gigier" (prononciation de l'Yonne), nous en avons juste laissé un brin pour Pauline.*

« Mes très chers, Maurice vous a écrit hier. Il est toujours le bon compagnon que vous connaissez. Nous sommes deux bien d'accord pour vous aimer, à vous envoyer des souhaits et des souhaits, à ma Guillermette, à notre Danois des Cristalleries, aux deux gosses, à Marie-Louise, à la gentille Marinette, à ma Vizou bien aimée, au noble chien de la Dixième Marche de l'Escalier, à tout ce et tous ceux que nous espérons bien retrouver autour de Made, Made-Centre, Made-Pivot, Made-Lumière, que je serre dans mes bras. »

XIII

RUE DE BEAUJOLAIS

C'est l'époque où, en marge de ses nombreux livres en chantier, elle écrit des textes publicitaires, pour les parfums Lanvin, pour le centenaire d'une entreprise lyonnaise, mais aussi pour le célèbre restaurant située au-dessous, ou presque, de chez elle, le Grand Véfour. En effet, Colette, amatrice de grande cuisine, est devenue une habituée de cette belle enseigne, surtout depuis que Raymond Oliver, associé au propriétaire du Maxim's, l'a rouverte en 1948. Situé dans la galerie de Beaujolais, au 17 rue de Beaujolais, le Grand Véfour fait désormais courir le Tout-Paris des arts et des lettres. Pour célébrer son bicentenaire en 1949, une plaquette tirée à très petit nombre (cent exemplaires) est éditée avec le texte de Colette, mais aussi ceux de Jean Cocteau, autre célébrité proche du restaurant (il habite alors rue Montpensier), et de René Héron de Villefosse, orné d'un frontispice dessiné par Christian Bérard.

Dès le début de cette nouvelle année 1948, Colette envoie à ses amis de Limas une carte postale la représentant assise à son bureau, photographiée par Boris Lipnitzki, avec ces quelques mots : « *Oui, oui, c'était la chatte ! Fiez-vous à tout ce que vous sentez ! L'arthrite est bien dure en ce moment, est-ce à cause de la tempête ? Mon parfait Maurice me soigne comme un soufflé sur le feu. Écrivez-moi encore, mon chéri, – mes chéris. J'embrasse toute la maison et ses murs.* » De même, le 10 janvier, elle remercie Lucien Brocard de son dernier envoi de vin blanc : « *Cher ami, je tiens enfin votre facture d'un rose d'églantine auquel j'assortis immédiatement mon chèque. C'est bien vrai que ce vin blanc est tout aimable ! Et maintenant, tous les Brocard, en phalanges compactes, vers le Palais-Royal ! Amitiés, accolades, et tout et tout.* »

Avec quelques jours de retard – Colette est née un 28 janvier – elle raconte à Made de quelle belle manière on lui a fêté ses soixante-quinze ans. C'est le 8 février 1948 : « *Ma Guillermette, Made de mon cœur, j'ai eu une telle semaine que je ne sais plus où me mettre. J'ai appris ce que c'est que la vie des stars ! Tout le monde a été si gentil à l'occasion de mon 75ᵉ printemps que je n'ai plus eu de repos. Télégrammes, courriers comme la grêle, fleurs, irruptions d'inconnus... Maurice dort dans les azalées, comme un papillon ; nos trois pièces sont une seule serre. On m'a envoyé du champagne, et même une bouteille introuvable, de Mouton Rothschild qui est né la même année que moi ! J'aurai tout vu.*

« *Je n'ai plus que 160 lettres environ à écrire. Mais mon travail, qui marchait pas trop mal, est f... pour un bout de temps.*

« Ma Guillermette, que se passe-t-il avec notre Louise ? Ce n'est pas rien comme perturbation. Et la chèvre, et la cuisine, et la chatte, et tout ! Donnez-moi des nouvelles bien vite. J'écris mal, sur un cahier cartonné et tout de travers, juste avant de me coucher. Jean est-il bien guéri ? Le mien s'est enrhumé, le diable sait où ! Je m'ennuie de vous tous et de la maison. On s'est laissés coincer, avec des billets de 5000 pour tout potage, comme des andouilles.

« Nous vous embrassons tous, les deux gosses compris, avec une tendresse qui ne s'éteint pas.

« Amitiés à Louise et Marinette, et à tout ce qui est vivant dans la maison. »

Il faut dire que cet exceptionnel anniversaire restera gravé dans le marbre. Elle a reçu des brassées de fleurs, des corbeilles de fruits, des valises de sucreries, des louanges dans les journaux, des centaines de lettres, cartes postales et télégrammes, des photographies, des bijoux, mais son plus beau cadeau, celui qui lui a tiré des larmes de bonheur, est cette majestueuse bouteille en provenance directe du Château Mouton-Rothschild dont le raisin a été récolté à l'automne 1873, l'année de sa naissance ! Elle lui tresse une belle guirlande de mots dans *Le Fanal bleu* : « *Une bouteille bordelaise est venue sans dommages jusqu'ici, portant sur son petit ventre sa date anniversaire : 1873, la même que la mienne, et sa poussière précieuse. On l'a tenue couchée, comme moi, jusqu'au dîner du 28 janvier, et, ma foi, comme à moi il lui restait quelque feu, une couleur atténuée, une bonne odeur de violettes, et le vin de Mouton qu'elle m'apportait reposait doucement sur sa lie, d'où nous l'éveillâmes pleins de gratitude et de précaution.* » Elle a également reçu « *un plein jéroboam de champagne* » et un « *rempart d'azalées rouges* » dressé autour d'elle par ses confrères de l'académie Goncourt !

Le 15 février 1948, Maurice rend compte à son ami Jean Guillermet de ses démarches auprès du « romancier des Apaches », Francis Carco, grand ami de Colette et membre comme elle de l'académie Goncourt, pour lui demander une conférence. Mais la tâche s'est révélée délicate : « *Mon cher Jean, j'ai l'impression que Carco sera bien difficile à décider, bien que j'aie "sorti" le charme des grands jours. Il me répond qu'il n'a plus du tout envie de faire de conférences ni de se déplacer. En tout cas, il m'a promis de t'écrire sans retard, et peut-être toi, arriveras-tu à le convaincre.*

« À défaut de Carco, pourquoi ne demanderais-tu pas à Roland Dorgelès? As-tu lu son dernier livre Bouquet de Bohême[1]. *Il y parle longuement, et d'une manière très*

1. *Bouquet de Bohême*, paru chez Albin Michel en 1947 est un recueil de souvenirs montmartrois d'avant la Grande Guerre par celui qui inventa l'expression « drôle de guerre » pour caractériser les débuts de la Seconde Guerre mondiale. On y croise Apollinaire, Carco, Mac Orlan, Modigliani, Picasso et les grands excentriques de cette « Époque » qui était encore « Belle ».

vivante, d'Utter, de Suzanne Valadon, d'Utrillo qu'il a fort bien connu. Quand tu me le diras, je ferai la démarche pour toi, comme j'aurai toujours plaisir à faire tout ce que tu me demanderas.

« *Je vous embrasse, tant que vous êtes de Guillermet.* »

En réalité, Francis Carco a appris quelques semaines auparavant qu'il est atteint de la maladie de Parkinson. Il déménage de l'Isle-Adam, où il vivait depuis 1939 avec sa seconde femme, Éliane, sur l'île Saint-Louis, au 18 quai de Béthune, où il s'éteindra le 26 mai 1958. Le 21 février, Maurice, qui cherche toujours un conférencier pour Jean Guillermet, essaie Roland Dorgelès : « *Nous n'avons pas de chance. Dorgelès a une véritable phobie des causeries et conférences et rien ne saurait le tenter. Il y a bien Warnod*[1], *qui, paraît-il, a séjourné au château de St Bernard, mais est-ce pour toi un nom suffisant ?*

« *J'ai bien peur, mon pauvre Jean, qu'il va falloir que tu viennes à Paris, que tu agrippes le téléphone et que tu ne le lâches plus jusqu'à ce que tu aies crocheté un gars. Car le temps que je te propose quelqu'un, que tu l'acceptes ou le rejettes, que je fasse la démarche, que je t'écrive, que tu me répondes, nous serons au 19 mars et tu seras chocolat.* »

1. André Warnod (1885-1960), peintre et écrivain montmartrois, est un habitué du Lapin Agile comme Dorgelès, Carco et Mac Orlan. Il a créé le terme « École de Paris » pour désigner les peintres étrangers des premières années du vingtième siècle.

Le 3 mars, Lucien Brocard reçoit à Bercy un nouveau chèque de Colette dans une belle lettre ornée d'un trèfle à quatre feuilles doré : « *Oh! La la* [sic], *quelle quinzaine! Puisse ce trèfle à quatre feuilles remettre tout en ordre. Une telle crise, cher ami, que j'ai bien failli pleurer, de quoi je serais morte, de honte. J'ai enseigné à ma fille, quand elle était toute petite, qu'on ne doit pas plus pleurer devant le monde qu'on ne doit faire pipi en public. N'ai-je pas raison? Et ces braves gens de Beaune qui voulaient me nommer ambassadrice du Vin! Le cœur gros, j'ai dû refuser. Mais je pense que l'ambassade (la vraie!) d'Angleterre va prendre là-bas un joli coup de soleil.*

« *Cher ami, je vous envoie un chèque approximatif, excusez-moi, j'ai perdu le papier doublé de noir. Pour une fois, j'aurai un compte créditeur d'au moins trente francs chez vous. Je retiens votre bonne promesse de venir nous voir. Je vous dis merci encore un coup, et j'embrasse toute la famille.* »

Le 5 mars 1948, chez son amie la comédienne Simone Berriau, à Mauvanne, elle rencontre Jean-Paul Sartre, familier de la belle villa méditerranéenne depuis que leur hôtesse a créé deux de ses pièces, *Les Mains sales* et *La P… respectueuse*, au théâtre Antoine qu'elle a acquis en 1943 et qu'elle dirige, fortement encouragée par Colette. Ce jour-là, Cocteau est également invité, ainsi que Simone de Beauvoir.

Le déjeuner s'éternise jusqu'à dix-neuf heures, tant la conversation est passionnante entre le jongleur de mots, Cocteau, la vive Colette, les brillants Sartre et Beauvoir, que n'appréciait pas Simone Berriau. Quant à la philosophe, elle aime Colette et son œuvre dont elle parle avec enthousiasme dans *Le Deuxième Sexe.*

De son côté, Maurice Goudeket a mis en chantier la publication des *Œuvres complètes* de Colette dans la maison d'édition Le Fleuron qu'il vient de créer pour l'occasion, en partenariat avec Flammarion, Pierre Berès ayant décliné l'invitation de publier cette somme dans leur maison commune, La Palme, et ce malgré sa grande amitié pour l'écrivain – Colette est la marraine de son fils Jacques né en 1941. Les premiers volumes paraîtront au début de l'année suivante, puis les publications s'échelonneront jusqu'à la fin de l'année 1950.

Le 2 juin 1948, Colette semble apaisée. Elle s'attarde à rêver longuement aux doux moments passés à Limas en septembre dernier, alors qu'elle vient de passer quelques heures avec Madeleine Guillermet venue lui rendre visite au Palais-Royal : « *Croyez-moi, ma Guillermette, la siamoise dort maintenant, car elle n'a presque pas dormi en votre absence. Ces chattes sont terribles et ne savent que trop se tourmenter. Je les ai vues à l'œuvre.*

« Je vous ai suivie pas à pas dans votre lettre, des roses effeuillées aux fraises crottées, j'ai dans le cœur le plan de la maison. Les roses rouges que vous m'avez apportées ont perdu la tête, mais l'hortensia se porte comme un charme. Vous avez trouvé moyen de me faire tout de suite parvenir les stylos réparés, ô ma Guillermette ! Et vous avez même trouvé un étui neuf, ce que je n'avais pas su faire. Là où vous parlez d'une "longue visite", j'ai trouvé le temps bien court. Mais je me fatigue vite, c'est vrai. Je suis devenue – ou redevenue – pareille aux nourrissons : un sommeil prompt, et un réveil de même. Jamais mes nuits ne sont en moins de trois ou quatre morceaux et mes journées exigent des miettes de repos de cinq, de dix minutes. Je n'en suis pas encore revenue, de ce que l'âge peut faire de moi. En tout cas il n'en fera pas une amie infidèle, ma Guillermette. Votre passage, celui de notre Danois, a porté jusqu'ici un courant d'air beaujolais qui fleurait bon.

« Je vais essayer de vous envoyer un métrage de saucisse toulousaine. Et dans une prochaine lettre je vous donnerai la recette du "veau peigné" (à manger froid) ma Guillermette.

« Maurice et Pauline et moi nous sommes de cœurs divers, à vous quatre. Mais je dédie un grand baiser individuel à ma Guillermette. »

Elle passe beaucoup de temps à adapter son roman, *Gigi*, pour le cinéma avec Pierre Laroche – coscénariste des *Visi-*

teurs du soir avec Jacques Prévert. Le film sera réalisé par son épouse Jacqueline Audry avec Danièle Delorme dans le rôle-titre, Yvonne de Bray, Jean Tissier et Gaby Morlay. Elle en parle à Lucien Brocard dans une lettre ornée d'un tambourin cerclé d'un ruban bleu avec des fleurs roses : « *Pourquoi un tambourin ? Pourquoi, plutôt qu'une bassinoire ou qu'un moulin à café ?*

« *Cher ami, ce sont là les mystères d'un art en voie de disparition. Tout égayée d'un vin blanc qui réussit à être sec, je n'arrive pas à verser des larmes sur les taxations, impositions, et autres abcès de fixation dont vous me faites un si affreux tableau. Le sort que vous nous faites, qui ne l'envierait ? Et votre fils est bien plaisant, mon âge me permet de le lui dire en face. Quand venez-vous me voir ?*

« *J'embrasse la Dame-aux-jolis-chapeaux, sa descendance, et son conjoint. Maurice fait répéter sa pièce toute la journée. Je ne le vois plus. Et j'écris les dialogues du film tiré de Gigi.* »

Le 30 juin, Maurice et Colette descendent dans le Midi, ainsi que le veut leur rituel, à Mauvanne, chez Simone Berriau : « *Ma Guillermette, que je n'aime pas ces nouvelles-là ! Pauvre Jean, et pauvre terre ! Je vous récrirai dès notre arrivée, car nous partons après-demain dans une voiture plus confortable que la nôtre, pour :*

« *Mauvanne, les Salins d'Hyères, Var*

« Maurice emporte des shorts et des pull-overs étourdissants, et moi mon arthrite et un reste d'angine.

Nous vous embrassons avec beaucoup d'amitié tendre. »

Mais, le 7 juillet, une mauvaise nouvelle cueille Colette à Mauvanne. Son amie très chère, sa sœur, son double, Marguerite Moreno, la grande actrice qui a étonné même les plus incrédules en montant trois ans plus tôt *La Folle de Chaillot* de Jean Giraudoux à l'Athénée, est morte. Affreuse nouvelle ! Plus de cinquante ans de solide amitié, de fidélité, d'intimité sans partage, de longues lettres, de multiples confidences, de visites échangées. Marguerite Moreno s'était retirée dans son domaine de « La Source bleue » à Touzac dans le Lot. Elle y a prêté son concours à une fête de bienfaisance à Cahors, où elle a pris froid et s'est épuisée dans une congestion pulmonaire. Elle allait avoir soixante-dix-sept ans. Désespérée, Colette s'épanche auprès de ses amis. Le comédien Pierre Blanchar, avec qui elle correspond depuis une vingtaine d'années, reçoit cette missive le 21 juillet 1948 : « *Je suis embarrassée de moi-même depuis que je sais que Marguerite ne respire plus quelque part, loin, près. Je me contentais de cela, jusqu'à ce qu'une des heures de sa vie de travail nous donnât une bonne, une longue soûlerie de conversation, d'où je sortais émue et sustentée, et pénétrée surtout d'une conviction : une telle créature ne pourrait jamais nous quitter, ni vieillir.* »

À la fin du mois de juillet 1948, Colette, revenue d'Hyères, repart assez vite sur la Côte d'Azur, à Grasse cette fois, chez les Polignac : « *Oui, ma Guillermette, amie, j'ai de la peine. Quand on a connu comme je l'ai connue (depuis 53 ans) Moreno, il ne peut pas venir à l'idée qu'elle disparaîtrait. Elle n'a pas pu signer la dernière lettre qu'elle a dictée pour moi, une semaine avant de mourir.*

« *Je vous voudrais tous heureux et bien portants. Attention, cher grand danois ! Veillez bien sur les suites des supplices dentaires, qui sont longues, parfois dangereuses. Nous restons ici encore une semaine. Après, nous serons "Domaine des Aspres, par Grasse" comme il y a deux ans, pour une quinzaine. Chère Guillermette, chers Guillermets, je suis toute embarrassée de moi-même depuis la fin de Marguerite. Heureusement que j'ai mon parfait compagnon ! Il vous embrasse aussi.* »

L'automne passe. Colette a besoin de réchauffer ses os dans la chaleur du Midi. Elle confie à Lucien Brocard son départ pour Mauvanne, chez Simone Berriau comme d'habitude : « *Cher ami, je verdis de jalousie !*

« *Comment, c'est vous qui dispensez les cartes "artistiques" ? On aura tout vu, – mais non tout bu. Qu'aurions-nous bu sous les platanes, parmi le givre du mois de juin ? Un vieux punch. Et bien corsé. La triste vérité, c'est que nous partons samedi matin à 7 heures, dans la voiture d'une amie. Maurice espère que du côté d'Hyères il fera meilleur pour moi... Puisse-t-il ne pas se tromper. Ça nous fait amer de partir sans embrasser toute la famille. Une carte, s.v.p. (artistique) à "Mauvanne, les Salins-d'Hyères, Var". Je répliquerai de mon mieux. Maurice et moi, nous sommes, cher ami, de bon cœur à vous tous.* »

La fin de l'année approche. Comme chaque fois depuis qu'ils se connaissent, les Guillermet régalent leurs amis Colette et Maurice avec des victuailles en provenance directe du Beaujolais. Cette fois, c'est Maurice qui remercie. Nous sommes le 28 décembre : « *Bonne année, les Guillermet, bonne année tous les Guillermet ! Que tous vos souhaits s'accomplissent ! Et continuez à être charmants et irremplaçables ! Colette vous chantera, je pense mieux que moi, les mérites d'un colis-bombance qui nous est venu de vous, un colis-ripaille à la confection duquel tout le Beaujolais avait l'air d'avoir conspiré, le tout saupoudré de la fleur de l'amitié. Ce chapon, ces saucisses, ce beurre ne sont pas, comme dit Colette, tombés dans l'oreille d'un sourd.*

« *Je garde dans mon cœur une secrète nostalgie de Limas. Il faudra bien, d'une façon quelconque, que les Guillermet-Beaujolais et les Goudeket-Beaujolais se réunissent au cours de l'année qui vient. Commençons par les souhaits réalisables !*

« *De moi, je n'ai que peu de choses à vous dire. Ma vie est assez immobile, puisque ce que j'aime c'est d'aimer les mêmes gens et les mêmes choses.*

« Mes chers Guillermet, gardez-nous votre faveur et écrivez-nous souvent. Je vous embrasse tous du fond du cœur. »

Colette poursuit la lettre en donnant son avis sur les succulents mets qu'ils ont goûtés à Noël : « *O ma Guillermette ! O mon Danois des Cristalleries ! Maurice a beau dire, on ne "chante" pas quand on a la bouche pleine. Ce matin nous avons tordu le cou, avec ma fille, au saucisson truffé. Et la délicate volaille blanche a vécu aussi. À croire qu'on ne l'avait nourrie qu'avec le riz le plus choisi. Et le beurre ! Comme dit le proverbe "il ne faut jamais battre le beurre… à moins que ce ne soit dans une baratte."*

« Mes Guillermets chéris, je suis bien bête aujourd'hui parce que j'ai un "bon" (?) lumbago. C'est ce sale temps, immobile et triste. De temps en temps, on voit tomber un grain de neige, et on se dit "avec celui d'hier, ça fait six". On aimerait mieux un bon matelas bien floconneux. Maurice me séquestre. Entre nous il a raison… Je vous aime et vous embrasse tous de tout mon cœur. »

L'année 1949 a démarré sur les chapeaux de roue pour Colette. Elle poursuit l'écriture, cette drogue quotidienne qui lui permet de tenir le coup, publie ce qui sera son dernier livre original, *Le Fanal bleu* chez Ferenczi, et *Pour un herbier* chez l'éditeur suisse Mermod. Ce dernier ouvrage est une curiosité. Il est né d'une idée de Mermod qui lui faisait envoyer régulièrement des bouquets de fleurs sur lesquelles elle devait écrire des portraits fragmentés. Pour la société d'édition créée par Maurice, Le Fleuron, elle donne *Trait pour trait*, succession de portraits d'amis tels Dignimont, Daragnès, Christian Bérard, Luc-Albert Moreau, Henry Mondor ou Léon-Paul Fargue, *Journal intermittent*, notes des années de guerre (1915 ou 1939) et *La Fleur de l'âge*, petits textes qui seront intégrés rapidement dans les *Œuvres complètes*. Enfin, en cette année prolifique, elle publie aussi chez Marcel Brucker *En pays connu*, sorte de résumé de sa vie à travers ses thèmes de prédilection : les oiseaux, les maisons de campagne et la Bourgogne de son enfance.

Le 2 mars 1949, Maurice Goudeket informe Jean Guillermet que son article sur sa belle région viticole va enfin paraître : « *Mon cher Jean, t'ai-je dit que le papier sur le Beaujolais allait paraître d'abord dans la* Revue de Paris*? Mais la* Revue de Paris, *c'est un tout petit tirage et ça ne doit pas te gêner beaucoup. Il est, je crois, ce papier, tellement ce qu'il te faut, qu'il a l'air d'être fait sur commande. N'oublie pas d'envoyer une épreuve à corriger, quand le moment sera venu.*

« *Tâche la prochaine fois de passer moins en coup de vent, en météore, en étoile filante.*

« *Embrasse tout le monde autour de toi, et je t'embrasse.* »

Le 20 mars il lui apprend que l'état de santé de Francis Carco décline et que l'écrivain ne peut donc plus s'atteler à écrire une critique de son article sur le beaujolais : « *Mon cher Jean, je ne compterais pas trop, si j'étais toi, sur un papier de Carco. Je lui ai téléphoné et il se prétend hors d'état d'écrire une ligne et au repos pour un bon bout de temps. Cela me paraît assez définitif. J'aime mieux t'avertir pour que tu puisses le remplacer, tu sais qu'il a été très secoué : on lui défend de fumer et de boire... même du beaujolais.*

« *Je vous embrasse tous du fond du cœur.* »

Toujours préoccupée, le 20 avril, Colette envoie à ses amis de Limas une carte postale qui la représente avec ses deux chats pour réclamer des nouvelles : « *Mes chers Guillermets, je suis inquiète de n'avoir pas de réponse. Ma lettre est vieille d'une douzaine de jours. Ai-je mal mis l'adresse ? J'étais si fatiguée. Entre autres hautes considérations sociales, je m'enquérais du nom de l'obligeante notabilité de Waterman's, ayant éreinté mon meilleur stylo ! Avez-vous reçu ma lettre ? Avez-vous cessé de m'aimer ?* »

Deux jours plus tard, son vœu est exaucé. Elle répond aussitôt à Madeleine : « *Chère, chère Made, c'est toujours une charmante lettre qu'une lettre de vous. Je ne vous écris qu'un brin de billet aujourd'hui : crise aigüe qui dure depuis six jours. Pourtant Maurice m'avait emmenée chez des amis si gentils à Reims ! Je n'ai pas pu passer le seuil de la maison pour aller voir la floraison des lilas dans leur parc. Crotte. Nous sommes rentrés hier soir à six heures, et je ne vais pas mieux. Mais pour revenir nous avons traversé les cultures de tulipes de Gonesse. Une telle merveille, si près de Paris, et je ne la connaissais pas ! Chère Made, nous vous sommes bien fidèles à tous. Si vous aviez vu votre grand danois plié en trois sur le bord de mon lit ! Vous aurez bientôt* Le Fanal bleu.

« *Mille tendresses à tous, de nous deux.* »

Il faut attendre l'été pour que la correspondance reprenne avec les Guillermet. Colette et Maurice sont partis à Grasse se reposer chez les Polignac depuis la mi-juillet. Le 4 août, elle écrit un petit mot sur une carte postale représentant une vue générale d'Antibes : « *O tous mes Guillermets ! Le climat méditerranéen ne vaut rien aux vieilles arthrites. Depuis 15 jours j'espère la détente, qui ne vient pas. Je patiente. L'endroit est charmant, les hôtes aussi (les mêmes qu'aux Aspres). Je vais tâcher de tenir. Maurice est si heureux ! Le bain salé, la promenade à pied, il a tout ce qu'il aime, et l'a bien mérité. Figurez-vous que je peux même pas [sic] visiter la propriété. Je vous embrasse et vous aime.*

« *Donnez-moi des nouvelles.*

« *Maurice aussi vous embrasse tous.* »

En octobre, rentrée dans la capitale, Colette reprend sa belle plume : « *O mes chers Guillermets ! Jamais vous ne fûtes plus loin de moi que cet été ! Pas de voitures. Des trains suffocants. Une fatigue à mourir. Une sorte de grippe, à Paris. Mon volume en retard de deux mois et demi. Je n'en finirais pas. Vous m'étiez comme une lointaine oasis. Ce Midi d'Hyères ne me va pas du tout.*

« *Je travaille ; je ne bouge pas. Écrivez-moi ! Que Jean Guillermet me dise à qui je dois m'adresser, chez Watermann, pour réparer mon meilleur stylo, que j'ai empoisonné avec de l'encre de Chine, que j'ai voulu démonter et qui est bien malade. Où en êtes-vous avec la sécheresse ? Donnez-moi des nouvelles de vous tous. Puis-je acheter du vin ? Venez-vous à Paris ? Je suis, vous voyez, en forme de point d'interrogation, et je vous embrasse tous.* »

L'automne aura été très chargé au 9 rue de Beaujolais. La correction des *Œuvres complètes* a pris l'essentiel du temps. Mais il ne faut pas oublier le prix Goncourt et ses infinies discussions pour trouver un accord après des mois passés à lire et prendre des notes sur les dizaines de romans de l'année retenus par la sélection. Elle s'en ouvre à Lucien Brocard : « *Cher ami, je n'émerge pas encore de la marée des romans que nous versent, par tombereaux, l'imminence du Prix Goncourt et les candidats et les éditeurs. On ne voit encore de moi que la tête et un bras. C'est terrible. Plus de cent volumes. Dans le nombre, plusieurs ont 700 et 800 pages. Donc plaignez-moi, et ne m'en veuillez pas d'avoir négligé mes dettes.*

Un viticulteur, du Beaujolais [Guillermet bien sûr] *nous a cédé 50 bouteilles de Brouilly... avec défense de les boire présentement.*

« *J'ai eu deux ou trois grippes en une, ça va mieux.*

« *Maurice est comme d'habitude un miracle de beauté et de vertu (j'exagère à peine). Je voudrais des nouvelles de toute la famille. Je joins à ce mot un petit chèque et une grande accolade à tous.* »

C'est finalement le premier roman de Robert Merle paru chez Gallimard, *Week-end à Zuydcoote*, qui est l'heureux élu. Cette histoire d'un soldat coincé entre la mer du Nord à Dunkerque et les troupes allemandes au moment de la débâcle française de 1940 fera l'objet d'une adaptation cinématographique par Henri Verneuil en 1964 avec Jean-Paul Belmondo, Jean-Pierre Marielle, François Périer et Pierre Mondy.

Le 26 décembre, enfin, après avoir dignement fêté Noël, Colette trouve un long moment pour raconter ce qu'ils viennent de vivre : « *O mes chers Guillermets, le bel oiseau ! Et comme c'est gentil de ne pas nous marquer de rigueur pour un si long silence ! Je voudrais tout de suite innocenter*

Maurice. Tout ce qu'il a dû assumer de besognes, la sienne, les siennes, les miennes, les nôtres... Maurice est un héros et un bien chic type. Je lui ai donné des soucis : ces derniers mois m'ont été très durs, arthritiquement parlant, et je ne pouvais, ni ne voulais lâcher mes pensums. Made, entre autres : j'ai corrigé et aménagé les "Œuvres complètes" à environ 7000 pages. Il n'en reste que deux volumes à assombrir l'horizon. Pendant ce temps-là, on essayait sur fesses et bras hormones mâles et bogomoletz[1]. *Sans effet appréciable sur les douleurs, peut-être ont-ils soutenu, maintenu l'état général, puisque je travaille encore. Mais, ô mes Guillermets, je crois que je pourrais plus* [sic], *dans votre oasis, aller de la maison au jardin... N'en parlons plus.*

« *Les films*[2] *aussi ont aggravé la besogne, et* Chéri[3]. *Mais quelle fête on m'a donnée, à la Madeleine, où Maurice m'avait fait rouler sur une chaise d'infirme! J'avais peur de mon émotion... Le Prix Goncourt et ses volumes à lire. Que chaque travail me soit une excuse à vos yeux!*

1. Alexandre Bogomoletz, biologiste et professeur de physiopathologie à Kiev (1881-1946), crée entre les deux guerres un sérum antiréticulaire cytotoxique, dit « de jouvence », pour tenter de vaincre la vieillesse en le combinant à l'injection d'hormones. Mais cet élixir de longue vie sera un échec, même si Staline l'a beaucoup utilisé... sans résultat probant.
2. Colette a travaillé sur les films adaptés de ses romans, *Gigi*, *Julie de Carneilhan* de Jacques Manuel avec Edwige Feuillère, Robert Manuel, Jacques Dumesnil, Marcelle Chantal et *Minne, l'ingénue libertine* avec Danièle Delorme, Jean Tissier et Frank Villard.
3. Film de Pierre Billon avec Jean Desailly, Yvonne de Bray, Marcelle Chantal et Marcelle Derrien.

« Maintenant j'attends une de ces lettres bien "Made" qui me font tant de plaisir et à Maurice aussi. Dites-moi tout sur gens et bêtes, sur êtres et choses. Ne me plaignez pas trop d'être, comme on dit "clouée" à mon radeau : mon parfait compagnon et quelques amis me le rendent non seulement supportable mais souvent aimable : qu'iraient donc chercher au dehors, mes 77 printemps à frimas ? Vous savez bien que ma fenêtre est au sud, et que le feu de bois pare ma laide cheminée. Ma fille quitte souvent son petit magasin pour me faire compagnie.

« Mes chers, j'attends que vous me donniez de vos nouvelles. Maurice joint aux miens baisers et tendres vœux, et je suis toujours votre

« Colette.

« Le Danois des Cristalleries m'aime toujours ? »

XIV

MONACO

La première de cette année 1950 est une lettre adressée à Lucien Brocard, le 31 janvier, sur une enveloppe, une fois n'est pas coutume, où elle a écrit : « *Jusqu'où peut aller le dénuement…*

« *Cher ami, je n'ai plus de papier. Heureusement j'ai encore des chèques. Mais je suis embouteillée par le courrier. Douze balles dans la peau à chacun de mes correspondants. C'est méchant, un vieillard, vous savez !*

« *Nous voudrions bien vous voir. Nous célébrerions ensemble les mérites du sweet claret, pour lequel je retrouve mes goûts de jeune fille, figurez-vous. Mais nous ne trahissons pas le blanc sec, bu bien frais, et bien aimable sous toutes ses faces. Tachez* [sic] *de ne pas tarder, mes amis. Je suis fatiguée jusqu'aux mollets, et je ne peux pas marcher…* »

Puis, c'est une carte postale représentant le Rocher vu du Jardin exotique à Monaco, que Colette expédie le 30 mai de l'hôtel de Paris où elle réside pendant sa nouvelle cure thermale : « *Ma Guillermette, auriez-vous jamais pensé me trouver à Monte-Carlo ? Moi pas. Maurice m'y a amenée (en avion, c'est le moins pénible pour moi) pour une cure d'un mois. Médecin anglais, spécialisé arthrites. Il y a dix jours. Le temps est délicieux et je me repose. Aucun changement encore… C'est dur. On sera contents d'avoir une petite lettre ! Nos ferventes amitiés partent avec ce mot.* »

Maurice est toujours auprès d'elle, fidèle, qui prend à son tour la plume le 8 décembre pour donner des nouvelles aux amis du beaujolais : « *Mon cher Jean, comment veux-tu qu'on écrive à quelqu'un qu'on espère à tout moment avoir devant les yeux, les bras ouverts et la mine avenante ? Es-tu devenu trop flemmard pour monter jusqu'à Paris ?*

« *Puisque tu écoutes Colette à la radio, ne néglige pas de la prendre dimanche prochain 12 décembre, d'abord parce que c'est sa dernière émission, mais surtout parce qu'elle y parle de son cher Beaujolais*[1].

1. Colette a accepté la proposition du journaliste et écrivain André Parinaud (1924-2006) de réaliser une série de trente-cinq entretiens radiophoniques pour évoquer sa vie et son œuvre. Diffusés à la Radiodiffusion française en 1950, ils ont été enregistrés dans son appartement. « *Colette était assise dans son lit-radeau, adossée à un large oreiller, un foulard blanc noué autour du cou… Elle me souriait, un doigt sur le menton dans l'attente de la première question…* » écrivait André Parinaud dans *Mes Vérités* paru chez Écriture en 1996 qui retranscrit les entretiens qu'il a réalisés. Ceux-ci ont également paru en CD chez Radio-France-INA en 2004.

« *Oui, les* Œuvres complètes *sont enfin en cours d'impression. Quinze à seize volumes à établir, cela donne beaucoup de mal, tu le sais bien, mon cher confrère. Je pense que les trois premiers volumes seront en vente au cours de février. Et que ce sera une belle édition !*

« *Excuse-moi de ne t'écrire aujourd'hui qu'en courant, le temps de t'embrasser, d'embrasser Made et les enfants.*

« *Ton fidèle*

« *Maurice.*

« *J'ai enfin décollé ton "Faublas" en trop mauvais état pour faire un prix*[1]*. J'ai 3000 frs à ta disposition. Est-ce que je te les garde ou est-ce que tu veux un chèque ?*

« *Pour tous, baisers de Colette.* »

C'est Maurice qui envoie les vœux cette année aux Guillermet. Le 24 décembre 1950, il leur écrit : « *Bonne année, mes chers Guillermet, jamais présents, jamais tout à fait absents, bonne année, bonne santé et le moins d'emm… si possible. Que devenez-vous dans votre beau patelin perdu, lieu de bon accueil et de fidèle amitié ?*

« *Deux Gigi-Bérard*[2]*, déposés par l'éditeur, attendent, vous le savez, vos instructions pour signature.*

1. *Les Amours du chevalier de Faublas*, roman libertin de Jean-Baptiste Louvet de Couvray, a été publié en 1787 chez Ambroise Tardieu.
2. Il s'agit d'une édition de luxe de son roman *Gigi*, illustrée de lithographies par Christian Bérard, parue chez Chadourne en 1950, tirée à trois-cents exemplaires.

« *Ma très chère compagne, désignée désormais à l'immobilité (il n'y a pas d'autre solution), va bien. Une pièce d'elle va voir le jour dans trois semaines environ. Je suis en plein dans les répétitions, en tant que son mandataire, et je prends à ce point mon rôle au sérieux, que je finis par croire que la pièce est de moi. C'est un peu comme ces managers de boxe qui disent " Nous n'avons peur de personne, les coups ne nous font pas mal ".*

« *Que vous dire d'autre de moi, sinon que je m'agite un peu dans tous les sens (oh ! beaucoup moins que Jean !) et que la manie des livres ne m'a pas quitté.*

« *Et le garçon ? Il doit avoir fini son service, il me semble, à moins qu'il n'en fasse une carrière.*

« *Embrassez, je vous prie, Suzanne de ma part.* »

À la suite, Colette félicite Made pour sa poularde : « *Mes Guillermets très chers, il en tient une place, ce Maurice ! Je me fais mince. Je voudrais une lettre de ma Guillermette, une comme je les aime. Quelle poularde !!! Ce sont des jeux interdits, mes chers.* »

Le 29 décembre, c'est encore Maurice qui s'exprime : « *Guillermets bien-aimés, je vous la souhaite bonne et heureuse ! Que vos vœux soient exaucés avant même que d'être formés : le bon Dieu peut bien faire cela pour vous.*

« *Comment êtes-vous ? Est-ce que Jean s'agite toujours comme un diable dans un bénitier. Est-ce que le jardin a gardé tous ses enchantements ? Est-ce que Claude est toujours militaire, Made parfaite, Suzanne angélique ? Et si vous veniez nous raconter tout cela d'un peu plus près, vous croyez que ce serait une mauvaise idée ?*

« Colette, de plus en plus immobile, hélas ! va bien généralement. Elle est très en vedette cette année. Vous verrez qu'on finira par en faire quelque chose. Moi, je tâche de ne pas trop changer, bien qu'il neige doucement sur mes tempes.

« Un chapon se rôtit pour ce soir même, que nous ne devons qu'à votre magnificence et qui menace d'être excellent. Merci.

« Et je vous embrasse bien affectueusement. »

Il est clair que leur amitié devient de plus en plus étroite. Ils se confient leurs états d'âme, s'épanchent sur leur quotidien et, quand ils ne s'appellent pas au téléphone, les missives bleues prennent la relève. Curieusement, Maurice utilise aussi de plus en plus fréquemment du papier bleu, sans doute pour s'identifier à sa chère épouse. Cette année 1950 est épuisante pour le couple du Palais-Royal, mais elle voit couronnés leurs efforts conjoints : la publication des *Œuvres complètes* a enfin abouti, les éditions du Fleuron chères à Maurice peuvent se targuer d'une belle entreprise qui met Colette en joie.

L'année 1951 s'ouvre avec la création de l'académie du Disque dont Colette figure parmi les membres fondateurs. Le 28 janvier, à l'occasion de son soixante dix-huitième anniversaire, Maria Casarès crée *La Seconde* au théâtre de la Madeleine. Colette vogue de succès en triomphe, elle qui avait toujours peur de manquer se trouve aujourd'hui comblée de bonheur et d'argent grâce à son œuvre que l'on utilise aussi bien au théâtre qu'au cinéma. De plus, la critique se joint le plus souvent aux voix du public pour glorifier cette femme exceptionnelle qui enchante même les États-Unis, prêts à adapter certains de des romans. Elle part se reposer comme l'année précédente quelques semaines à Monaco.

Le 27 avril, la redoutable épistolière écrit à ses correspondants habituels. Outre ses « petites fermières », Natalie Barney ou Germaine Beaumont, elle n'oublie pas ses amis passionnés de livres pour parler de son quotidien : « *Ma Guillermette, mon Jean Guillermet, votre lettre de ce matin, c'était aussi une fête pour nous, bien que la grippe traînassante m'inflige... des quintes de coqueluche ! L'enfance vient à tout âge, et Maurice toussaille encore. J'aurais bien voulu, et Maurice aussi, vous voir fêtés par tout ce que le Beaujolais compte de mieux.*

« *Le 10 mai, on me dépose comme un colis dans l'avion qui nous met à Monte-Carlo. Le prince Rainier*[1] *va nous offrir un mois de régime paresseux comme l'an dernier. Visez l'hôtel de*

1. Rainier III de Monaco, le prince bâtisseur, a régné sur la principauté de Monaco de 1949 à 2005.

Paris pour le courrier. Mes enfants, on a besoin de repos. Songez qu'ici, je passe des séries de 80 et 110 jours sans franchir le seuil de ma chambre…

« Comme il sait être affectueux, ce Président Herriot[1] *!*

« Que vos 35 ans vous soient légers[2] *!*

« Je vous embrasse, Maurice vous étreint. »

Les Brocard quant à eux reçoivent une lettre le 9 mai : *« Chers amis, demain jeudi, 3 heures, levez le nez vers le ciel : cet avion qui passe, c'est nous, en partance pour Monaco. Dites-vous que Maurice aura fait déposer dans l'avion le colis que je suis, et qu'il a la patience de soigner…*

« Nous pourrons peut-être rester là-bas un mois environ. Ma foi, j'en ai grand besoin.

« Vivent les vrilles vertes ! Je n'ai pas changé d'opinion. Et jusqu'à ma fin j'aimerai les vins gais. Merci d'en avoir gardé la bonne mémoire ! Propriétés, caves, siège social, dépôt, exportation, commission, j'approuve tout. Et pour ce qui touche l'accent bourguignon, je vous fais un prix à forfait[3]*. (On ose me dire que je n'ai pas le sens des affaires !) Mes chers, je voudrais en revenant de Monte-Carlo, être plus montrable !… Qui donc a dit qu'on a toujours bonne mine pour un bon*

1. Édouard Herriot (1872-1957) est président de la Chambre des députés depuis 1947. Il le restera jusqu'en 1954.
2. Les époux Guillermet viennent en effet de fêter leurs noces de rubis (trente-cinq ans).
3. Elle parle de l'autorisation qu'elle a donnée à Lucien Brocard d'utiliser son nom dans les documents publicitaires de la société à propos de la cuvée spéciale de vin blanc *Vrille Verte*.

ami ? Ce n'est pas moi. Je vous embrasse de mon cœur qui vous garde toute sa particulière amitié. Maurice aussi. Où serez-vous en juin et juillet ? »

Le 20 juin, Colette écrit sur une carte postale représentant le port de Monte-Carlo : « *Même quand on est ici pour se soigner, que ce pays est donc beau ! On ne vous oublie pas, mais l'arthrite est un bien méchant mal. Nous serons à Paris le 7. Après ? Je ne vois pas si loin. Nous vous embrassons mille fois.* »

Elle remonte bien à Paris au mois de juillet car elle doit rédiger de petits textes qui vont accompagner le film que Yannick Bellon tourne sur elle – *Colette* sortira sur les écrans à la fin de l'année 1951 –, évoquant les lieux de sa vie, depuis la maison de Saint-Sauveur-en-Puisaye jusqu'aux jardins du Palais-Royal. Elle se trouve bien à Paris en été, profitant des promeneurs qui viennent la saluer lorsqu'elle s'approche de la fenêtre. Mais, en septembre, elle ne peut s'empêcher d'aller réchauffer son corps près de la Méditerranée, à Hyères encore une fois, d'où elle écrit aux Brocard : « *Chers amis, ne recommandez pas, à des amis arthritiques, le climat méditerranéen. En le quittant, je ne veux pas d'autre cure que celle du chai. Il me faut le verre mouillé et frais, l'ombre des platanes, – et Lucien Brocard en face de moi, et midi tapant ! Maurice et moi nous caressons, déjà, un si touchant tableau. À toute la famille notre fidèle amitié.* »

Comme chaque année, les Guillermet ont envoyé pour Maurice et Colette quelques « bricoles » qui permettent à la fidèle Pauline de leur concocter un festin de roi pour Noël : « *Mes chers, mes regrettés amis, que j'aimerais me serrer contre vous ! Je ne sors presque jamais et je souffre. Et vous cherchez à me distraire avec une poule rose et blanche, et cet après-midi m'arrive encore une sorte de cervelas gros comme un pilier d'église, qu'il faut faire cuire 35 minutes ! C'est un très beau jouet pour grande personne gourmande, et nous le mangerons avec ma fille, avec Pauline et son mari.*

« *Mes chers, quand venez-vous à Paris ? Pendant janvier, si je ne souffre pas trop de ma damnée arthrite, nous irons à Monte-Carlo chez Ilhamy Hussein Pacha*[1]*, qui est si providentiel. Serez-vous dans le Midi vers cette époque ? Je ne pense jamais sans émotion au temps où nous vivions auprès de vous, lorsque mon arthrite se faisait douce…*

« *Nous vous aimons toujours. Comment est la source ?*

« *Souvenirs, vœux, accolades de vos Maurice et Colette* » écrit-elle tout enjouée le 24 décembre.

Le lendemain, Maurice prend la plume : « *Cher chers* [sic] *Guillermet, il est vraiment bête de ne jamais se voir et de ne s'écrire que pour des fêtes d'importance. Le grand Jean ne vient donc plus jamais à Paris ? Hélas ! nous, nous ne pouvons*

1. Ilhamy Hussein Pacha (1899-1992) est le cinquième époux de la princesse Chivekiar d'Égypte, descendante du fondateur de l'Égypte moderne, Méhémet Ali (1769-1849).

plus venir jusqu'à vous. Colette ne fait plus un pas. J'espère, dans quelques jours, la transporter – le mot n'est pas trop fort – jusqu'à Monte-Carlo, mais il y faut des fauteuils roulants, des chaises à porteur, un avion rapide, de la main-d'œuvre.

« Meilleurs vœux, du fond du cœur, pour 1952. Je vous écris un peu alourdi par une incomparable poularde, qui n'avait dû se nourrir que de miel et d'ambroisie. Un cervelas géant nous donnera, paraît-il, de ses nouvelles demain. Qu'il est bon d'avoir dans les provinces, des amis affectueux !

« Et le fils, et la fille, pourquoi n'écrivent-ils jamais ?

« Je mène une vie sage et tranquille. Je pense souvent à vous.

« Je vous embrasse bien, bien affectueusement. »

Colette confirme le 3 janvier aux Brocard de Bercy leur envol vers Monaco : « *Non, non, chers amis, je n'ai pas, nous n'avons pas mérité de voir votre amitié perdre sa chaleur avec la saison ! Figurez-vous que le premier geste du blanc de blanc – sollicité par Maurice – a été d'envoyer son bouchon sur le toit de verre de notre petite salle à manger, dont un vasistas était soulevé ! Il y est toujours. N'est-ce pas d'un bon présage ?*

« Chers amis, le Juliénas nous a vus, lui aussi, fêter sa charmante couleur et sa vigueur dissimulée. C'est dans mon

enfance que j'ai appris son nom, plutôt que ses mérites. Avec quelle gentillesse vous vous appliquez à me détourner de mon mauvais mal d'arthrite ! Tous ces temps-ci je n'avais pas sujet d'être bien fière... Maurice, dont je n'arrive pas à lasser la patience, a organisé notre départ pour après-demain 5 janvier, en acceptant l'invitation de Ilhamy Hussein Pacha qui nous attend à Monte-Carlo.

« Ce sera un séjour de tout repos, naturellement, et vous recevrez de nos nouvelles, entre le 5 janvier et le 5 février. Nous sommes deux à vous garder une chaude amitié, qui se reproche seulement de ne pas se manifester assez souvent. Vœux, grandes et affectueuses accolades, je fais tenir tout cela sur ce trop petit liseré de papier. » En réalité, elle attendra six mois pour leur écrire à nouveau et ce sera uniquement pour régler ses factures.

Colette a porté l'art de vieillir au plus haut point possible. Le chemin fut long et pénible, et on ne peut qu'admirer le stoïcisme dont elle fit preuve. La femme qui a revendiqué les plaisirs de la chair sous toutes ses formes, qui a vécu pleinement ses rêves de jeunesse, a accepté de se désincarner dans l'immobilisation de ses dernières années, elle a sublimé la souffrance qui envahit son quotidien, dans la virtuosité de l'écriture et de la conversation et dans la réflexion. Elle demeure résolument optimiste, saluant toujours les balbutiements de l'aurore et les miracles de la nature. Son courage, sa volonté, sa pugnacité sont autant de constantes de sa personnalité que de son comportement au quotidien. Colette affronte ses tourments comme un boxeur montant sur un ring, avec la résolution de terrasser son adversaire.

Le divan-radeau sur lequel elle vogue pendant de longues années est sa geôle tragique de souffrance et de travail. Mais c'est aussi son havre de paix, sa tour d'ivoire, d'où elle observe à loisir le spectacle paisible du Palais-Royal. Son voisin, Jean Cocteau, la rencontre souvent, que ce soit à Paris ou à Monte-Carlo : « *Je la trouve très mal, séparée du monde par ses oreilles et par sa fatigue. Très pâle et comme loin. J'ai déjà vu cet œil d'un bleu sombre presque noir. C'était celui de ma sauterelle verte lorsqu'elle chantait son chant de mort. […] Maurice roule le fauteuil de Colette dans le bar. […] Grande tristesse. L'âge. Ainsi serai-je. Ainsi commence la fin. Maurice semble s'occuper admirablement des affaires de sa femme. […] Colette est une paysanne et une enfant. Elle se laisse vivre. Elle est presque contente de ce nuage qu'elle habite et qui la protège contre un monde cruel qui la dépasse et qui ne coïncide plus avec ses fleurs et ses animaux. Colette ne dérange pas et le respect l'environne. Il m'arrive d'envier son ouate, son fauteuil à roulettes*[1]… »

1. *Le Passé défini I, 1951-1952*, Jean Cocteau, Gallimard, 1983.

Elle écrit de moins en moins. Il s'est passé une année depuis la dernière lettre. Les Guillermet s'en sont inquiétés plus d'une fois, mais Colette pas plus que Maurice n'a répondu, probablement par manque de temps, ou de force tout simplement. Elle approche des quatre fois vingt ans et ne sort presque plus. Chez elle, elle a tellement de mal à se déplacer qu'elle a échangé de chambre avec son mari pour se trouver plus près de la salle de bains. Le fauteuil roulant est son unique moyen de locomotion maintenant, elle s'en amuse, d'autant que Maurice fait le pousseur dans la rue, confirmant l'osmose du couple qui ressemble, comme s'en moquait Maurice pour d'autres, plusieurs années auparavant, à un ménage de perruches ! Le bonheur se lit sur leurs visages vieillissants, mais souriants. Cependant l'activité n'a pas baissé cette année encore. La retraite n'est toujours pas entrée dans leur vocabulaire ni dans leurs perspectives. Elle a beaucoup travaillé à l'adaptation de la pièce du Hollandais Jan de Hartog, *Le Ciel de lit*, qui sera jouée au théâtre de la Michodière le 14 avril 1953, et qui paraît chez France Illustration la même année[1]. Dans cette histoire d'une longue vie conjugale Colette interpénètre parfaitement les méandres du jeu amoureux et les grands

1. Créée à Broadway en 1951, cette pièce, qui avait été refusée pendant neuf ans par les compagnies théâtrales, connut un succès retentissant et a fait l'objet d'adaptions tant au cinéma qu'en comédie musicale. Elle sera reprise en 1971 par Jacques Charron qui dirigera notamment Jean-Claude Brialy et Caroline Cellier. Elle est d'ailleurs souvent à l'affiche de nos jours.

événements contemporains, de l'affaire Dreyfus aux débuts du cinématographe, de la Grande Guerre au premier métro et du charleston aux succès de Sarah Bernhardt.

Le 12 décembre 1952, elle reprend sa correspondance avec les Guillermet : « *Oui, oui, écrivons-nous ! Mes chers, j'ai souvent bien mal, mais je suis bien secourue, ne vous tourmentez pas. Sacrebleu, c'est assez dur. Merci pour la lettre, et merci pour le cœur. Mon écriture est laide, c'est seulement à cause de l'attitude, je suis de travers ce matin. Mais pour immobile, je suis (sauf le buste et les bras) immobile. Pas bougé. Depuis, voyons, trois mois. Et pas quitté ma chambre. Racontez-moi hirondelles et oiseaux, et tout, ô ma précieuse.*

« *Tendresse de Maurice et de Colette.*

« *Qui récrira.* »

Le 23, c'est une carte postale représentant le château de Saint-Sauveur-en-Puisaye qui parvient à Limas : « *Jamais, jamais, chers Guillermets, les dattes n'ont été aussi bonnes ! Des merveilles ! Vous ne voulez pas me donner l'adresse ?*

« *Je vous embrasse de tout cœur, et Maurice aussi.*

« *Comment est la source ?*

« *Votre Colette immobile* »

Le lendemain, elle est un peu plus loquace, d'autant que, comme chaque année, les victuailles sont arrivées en direct du Beaujolais : « *Mes Guillermets chéris, notre petit logis est devenu le rendez-vous des meilleures "choses de gueule" ! Aux dernières nouvelles, c'est ce chapon qui passe, en blancheur, la dernière chute de neige qui poétisa le Palais Royal…*

« Hier, les quenelles de brochet, telles que je n'en ai jamais goûté, et que dire du cervelas, un marbre comme ils n'en ont pas à Carrare… C'est demain que nous étrennons le Morgon. Au nom du ciel, soyez désormais sages ! Et quelle qualité ! Le chapon mangé, je vous écrirai ce que je pense de lui.

« La vérité, mes chers, c'est que cette ravissante débauche vient de nous remettre d'aplomb, au sortir d'une double crise de rhume et de coxarthrose. Rien de tel que la gourmandise pour vous rendre l'optimisme. Mais je voudrais vous voir. Visages, son des voix, son de la source, quelle puissance est la vôtre ! Mes chers, je vous embrasse avec gratitude, et Maurice aussi. Je suis toujours votre

« Colette

« Ne dites pas à Maurice que je vous ai fait l'aveu de mes très méchantes et récentes crises d'arthrite ! »

Et après Noël, ils peuvent exulter. Cette fois c'est Maurice qui s'y colle, toujours dans le style de l'épistolière :
« *Mes chers amis,*

« Mais après ce cervelas, Holà !

« Vous nous avez une fois de plus comblés. C'était merveilleux et pantagruélique. Nous croulions sous les victuailles.

Le roi Bombance n'était qu'un enfant à côté de nous. Ainsi nous avons terminé l'année en pensant à vous. Je ne saurais mieux commencer la suivante qu'en vous adressant, du fond du cœur, mes vœux pour votre santé et votre bien-être.

« Colette ne va pas mal, avec des moments plus faiblards, bien sûr. J'attends, pour l'emmener dans le Midi, que quelques affaires se dénouent, qui me laissent encore incertain sur la date.

« Savez-vous, mais certainement vous le savez, que j'ai depuis deux ans ici, deux exemplaires de Gigi-Bérard, *déposés par Berès, et qui attendent toujours vos instructions pour des dédicaces ? À qui l'un, à qui l'autre ?*

« Comment va la librairie ? Les affaires ne paraissent pas faciles, en général. Que fait le garçon, que fait la fille ? Nous leur envoyons nos bons vœux et nous les embrassons.

« Jean, j'ai trouvé ce Morgon sensationnel. Ce goût de framboise, c'est tout ce que j'aime au monde. Ne pourrais-tu m'en faire expédier un peu, contre remboursement ? Je pense que, quoique jeune, il sait voyager.

« Parmi nos souhaits, il y a celui de vous voir cette année, de vous voir souvent. Nous avons pour vous, dans notre cœur, une place de choix.

« Je vous embrasse, mes très chers, bien, bien affectueusement. »

En 1953, Colette s'affaiblit de plus en plus. Elle ne sort que très rarement et passe ses journées à écrire à ses amis lorsqu'elle ne se repose pas. Le 4 janvier, elle écrit à Lucien Brocard qu'elle aimerait bien revoir : « *Cher ami, je suis alitée depuis bien des mois (et ça va faire des années!) mais ça ne change pas le cœur. Pourquoi ne venez-vous pas nous voir? Je touche mes 80 ans ce mois-ci, pressez-vous!* »

Le 28 avril 1953, elle envoie une missive – ce sera la dernière – à son fournisseur et ami pour le féliciter de l'arrivée dans sa famille de deux bébés : « *Avant tout, bravo pour la naissance heureuse des enfants! Trois mois, un mois, c'est déjà bien joli à ces âges-là, et quelle fraîcheur*[1] *! Les voilà bien, les vrais "grands événements" mais votre lettre est si affectueuse. Nous rencontrer? Quand vous voudrez. Maurice sera aussi content que moi. Comment faire? Une fois que vous serez ici, on s'arrangera. Je ne quitte plus mon lit d'arthritique. Ça ne fait rien, je vous dis qu'on s'arrangera! Nous sommes de cœur avec vous.* »

Le 16 mai, elle s'épanche auprès des Guillermet : « *Racontez-moi encore vos fleurs. Personne ne me les raconte comme vous. N'oubliez pas de me raconter les narcisses! Et les*

1. Il s'agit de la naissance de Bertrand, le premier des six petits-enfants de Lucien et Marie Brocard, le fils de Georges (qui succédera à son père dans l'entreprise de négoce de vins), né le 30 janvier 1953. Le second bébé dont il question est Élisabeth née le 25 mars, fille de Juliette, sœur de Georges. Plus tard Georges aura deux autres enfants, Véronique et Hélène, de même que Juliette qui mettra au monde Anne-Marie et Dominique.

queues-rousses à la petite fontaine. Mon cœur est toujours à vous, et celui de Maurice aussi. Je suis seulement assez fatiguée, alors je suis négligente. Nous vous embrassons, mes chers. Il fait grand vent, même dans le jardin. Vous savez, les deux hirondelles, que nous avons élevées, et que je rapportais tous les jours de l'école où elles venaient me chercher à quatre heures, elles revenaient ou dans ma poche, ou sur ma tête. Je trouvais ça naturel ! Et quand nous les appelions, ma mère ou moi, dans le jardin, elles accouraient dans l'air, toujours au premier appel. Que de miracles notre enfance aura trouvés naturels ! »

C'est la seule missive qu'elle adresse en 1953 aux amis du Beaujolais. Elle n'écrivait guère non plus à ses autres correspondants : les « petites fermières » ne reçoivent plus rien depuis le 3 mars, tout comme Henri Mondor ou Dunoyer de Segonzac. La correspondance avec Germaine Beaumont s'est arrêtée fin avril. Seuls les Carco auront une lettre en juillet. À ce moment-là, elle séjourne à l'hôtel Royal de Deauville comme il y a deux ans. Elle prend un long repos au frais et ne quitte guère la chambre.

À Paris, Cocteau lui rend visite dès qu'il le peut. Elle est parfois très vive, voire caustique : « *Ce matin, Colette était comme sortie de son cocon, de sa torpeur. Elle n'était même plus sourde. Elle étincelait. Tout ce qui est devenu mou dans son visage se mettait en pointe. Elle racontait, elle écoutait, elle riait. Je lui avais dit que Mondor puisait sa fraîcheur de petite pomme dans l'engrais de ses histoires scatologiques et que, jadis, Misia puisait son air de rose dans l'engrais de ses maris : Natanson, Edwards, Sert. Elle chercha et trouva immédiatement plusieurs exemples de cette théorie. Et demain, je peux la retrouver prise dans le nuage qu'elle aide à se former autour d'elle, par une sorte de fatigue découragée, de crainte du monde* » écrit-il dans son journal le 5 décembre 1953[1].

En fin d'année, Maurice s'exécute pour les traditionnels vœux : « *Bonne année, mes Guillermet, nos Guillermet, si près de notre cœur, si loin de notre plume, bonne année ! Que la poste à l'allure hésitante, vous porte nos meilleurs vœux, nos remords, nos remerciements !*

« *Où en êtes-vous, quels sont vos projets ? Les miens sont déterminés pour la création à Paris de la pièce* Gigi, *qui doit se faire aux environs du 15 février. J'essaye de convaincre Colette de partir pour Monte-Carlo avant moi, mais sans succès jusqu'ici. Colette n'est pas mal dans l'ensemble, avec des hauts et des bas, mais elle est vaillante. Je tâche de faire face à tout et même à cette angoisse de voir Colette, malgré tout, diminuer peu à peu. Vous êtes trop mes amis pour que je vous cache cette sourde peine. Mais il est bien des jours encore où elle prend grand goût à la vie, et c'est là l'essentiel.*

1. *Le Passé défini II, 1953*, Jean Cocteau, Gallimard, 1985.

« Écrivez-moi. Peut-être viendrez-vous dans le Midi ? Je vous embrasse tous du fond du cœur.

« Je crois que nous mangeons la dinde demain, mais nous y pensons depuis qu'elle est arrivée. »

Jamais, depuis dix ans qu'ils se connaissent, les Guillermet n'ont raté un Noël. Chaque fois, ils font parvenir au Palais-Royal de quoi se restaurer pendant une semaine. C'était leur plaisir. Celui de 1953 sera le dernier. Dans un an, Colette sera appelée à banqueter sous d'autres cieux.

XV

LE VIN EST BU

Le 2 mars 1954, alors qu'elle est partie se reposer comme chaque année sur les hauteurs du rocher de Monaco, elle écrit depuis l'hôtel de Paris sa dernière lettre aux Guillermet : « *Quand je ne peux pour cause de rhumatisme, écrire à personne, je veux écrire un mot à Limas. La main droite et la gauche me font honte. Prenez ce que j'ai, mes chers. Nous sommes arrivés à l'Hôtel de Paris, et fatigués à mourir. Mais on vous aime toujours et les dattes sont meilleures que jamais !*

Mille tendresses. »

Plus personne ne reçoit ces précieuses lettres sur l'immuable papier bleu. Son énergie décroît chaque jour. Elle souffre de plus en plus. L'écriture est hésitante et perd de son harmonie.

Le 13 juin 1954, alors qu'ils sont retournés dans la capitale, Maurice donne aux Guillermet des nouvelles, pas forcément bonnes, car sa chère Colette décline un peu plus chaque jour : « *Hélas, chère Made, l'amitié, comme l'amour, est aveugle et vous voyez toujours Colette comme elle était – il y a peu de temps, il est vrai. Vous êtes assez notre amie pour que je vous dise, à vous seule, que ses forces baissent et sa merveilleuse lucidité. L'écriture est profondément altérée. Même à vous je ne peux plus permettre qu'elle fasse de dédicace, car les livres nous survivent, et mon devoir est de dérober "à la race future", comme dit Racine, cette défaillance de la plume et parfois de la pensée. Je mets donc les livres de côté pour le moment où vous les ferez reprendre. Vous imaginez les problèmes que me posent le présent et l'avenir. Interviews, portraits, visites, je dois tout refuser et sans en donner les vrais motifs. Il me faut maintenant Colette absente et présente à la fois.*

« *Je vous connais assez, chère Made, pour savoir que loin de m'en vouloir d'un refus que je ne peux éviter, je sentirais à travers l'espace votre appui. Je vous aime tous quatre beaucoup, vous le savez, et je vous embrasse affectueusement.* »

Son infirmité s'accroît avec tous les maux de l'âge, la surdité et de longues phases d'hébétude. Les moments de lucidité sont devenus rares. Jean Cocteau écrit dans son journal début juillet : « *Elle est hélas de moins en moins lucide. Elle est heureuse dans son nuage. Elle ne souffre plus. Elle devient douce*[1]. »

Colette, qui ne se lève plus depuis le 20 juillet, s'éteint sur son lit-radeau auprès des siens, le soir du 3 août 1954.

1. *Le Passé défini, III, 1954*, Jean Cocteau, Gallimard, 1989.

Maurice est présent avec Bel-Gazou, ainsi que la fidèle Pauline, pour recueillir les dernières paroles de la grande dame des lettres. La République lui offre des funérailles nationales, comme pour les écrivains Victor Hugo en 1885, Maurice Barrès en 1923 et Paul Valéry en 1945 : « *Elle eut droit à des funérailles nationales. Et strictement civiles. Tintin pour Notre-Dame. J'étais bien content. Les croque-morts de la Nation dressèrent un catafalque au Palais-Royal. Drapé de noir – il devait y avoir du tricolore puisque c'était national, mais je n'ai pas la mémoire du tricolore. Je retournai voir Colette. Histoire de lui glisser – non pas un ultime adieu : l'adieu, la nuit, le trou dans la terre, ça ne collait pas avec cette gourmande, l'à-dieu ça ne collait pas avec cette païenne – mais un dernier bonjourrr*[1]. »

Le 22 août, Maurice se retrouve seul pour prendre la plume et écrire à Limas où les Guillermet ont appris la terrible nouvelle : « *Merci Made, merci Jean. Votre affectueuse sympathie me tient chaud. Je vous raconterai tout plus tard. Pour le moment tout me manque, même les mots. Je vous embrasse.* »

La correspondance entre Maurice Goudeket et les Guillermet s'essouffle à cause de la cruelle absence de

1. Jean-Louis Bory retranscrit ici le fort accent bourguignon que Colette avait gardé et qui lui faisait rouler les « r » – *Un Prix d'excellence, op. cit.*

Colette. Il faut attendre le 5 août 1957 pour trouver une rapide missive de Maurice : « *Merci, chère Made, de votre fidélité au souvenir, de la constance de votre affection. Si les enfants sont auprès de vous, embrassez-les pour moi, comme je vous embrasse tous deux.* » Il s'agit naturellement de commémorer la disparition de Colette.

L'année suivante, à la même époque, le souvenir de « l'éternelle apprentie » s'impose une nouvelle fois au début du mois d'août. Le 3, Maurice répond aux Guillermet : « *Merci, mes chers amis, de votre fidèle pensée. Oui, les années passent, qui n'arrangent pas grand-chose à ce qui pour moi ne peut pas s'arranger. Mais il m'est doux de savoir que vous le savez, doux de penser que vous me gardez dans votre cœur une petite place à côté de Celle que vous n'oubliez pas. Je vous embrasse.* »

Il faut attendre six années pour retrouver la trace de leur correspondance. Maurice Goudeket a refait sa vie en 1959, à l'âge de soixante-dix ans, avec l'actrice Sanda Annette Dancovici, la veuve du couturier Lucien Lelong dont elle était la troisième épouse. Il est devenu père d'un petit garçon et a déménagé au 56 avenue Kléber. Il répond à Madeleine Guillermet le 7 juin 1964 : « *Chère Made, j'ai été bien sensible à votre mot. Vous savez que rien ne me touche davantage que de sentir la ferveur maintenue autour de*

Colette. J'ai trouvé votre écriture plus jeune que jamais ! Et je suis sûr que Jean n'a pas bougé. Quel souvenir je garde de Limas ! Vous pensez bien que, moi aussi, je vis beaucoup dans le passé. Loin de faire tort au présent, il le nourrit, le féconde.

« *Mon petit bonhomme me rend gâteux : je voudrais que vous le connaissiez !*

« *Je travaille à un livre, que peut-être j'arriverai à mener à sa fin, et qui devrait vous plaire*[1]. »

Voilà dix ans maintenant que Colette a quitté ce monde. Maurice répond le 6 août 1964, sur une carte postale de Biarritz, à Madeleine Guillermet qui n'a pas oublié sa chère Colette : « *Merci, Made, de votre petit signe d'amitié à travers l'espace. Dix ans déjà ! Comme tout va vite, chère Made : j'ai l'âge de la Tour Eiffel, et mon petit garçon a trois ans et demi. Je vous embrasse et tous les Guillermet.* »

Huit ans plus tard, Maurice, qui a un peu délaissé les Guillermet, leur écrit le 22 janvier 1972 : « *Chère Made, je suis sans excuses, mais ne prenez pas négligence pour indifférence. Je garde un souvenir vif et ému des heures passées jadis avec vous tous. Et mes vœux, pour tardifs, n'en sont pas moins sincères. Vous savez que 1973 marquera le centenaire de la naissance de Colette. Il y aura une exposition à la Nationale, et*

1. *La Douceur de vieillir*, Flammarion, 1965, qu'il publie dix ans après *Près de Colette*, Flammarion, 1956.

d'autres manifestations qui déjà m'occupent, me préoccupent, me prennent beaucoup de temps. Je voudrais aussi des nouvelles des "enfants".

« Chère Made, cher Jean, je vous embrasse de tout cœur. »

La dernière lettre connue de Maurice Goudeket est datée du 7 novembre 1973. Colette aurait eu cent ans. Maurice vient d'en avoir quatre-vingt-quatre : « *Mes chers Guillermet, quelle joie d'avoir de vos nouvelles ! Comment, diable ! le contact s'est-il rompu entre nous ? Vous vieillissez ? C'est que vous n'avez pas encore atteint l'âge où l'on rajeunit. Moi, oui : 84 ! Comme j'aurais voulu entendre la conférence de Jean ! Je conférencie pas mal, moi aussi, ces temps-ci, entre autres aux Annales, salle Gaveau, le 7 décembre !*

« Le séjour à Limas demeure parmi mes meilleurs souvenirs de ma vie commune avec Colette.

« Et que sont devenus les enfants ?

« Je vous embrasse. »

CONCLUSION

Pour Colette, c'était devenu un jeu que de raconter sa vérité – tout en la travestissant – à travers ses romans. Si « nature » dans ses comportements, l'auteure, que l'on caractérise parfois par *« la sincérité »* de son discours, emprunte pourtant des chemins traversiers, brouillant constamment l'image qu'elle présente d'elle-même dans son œuvre.

L'audace de ses choix, la variété de ses talents en font l'une des figures féminines les plus originales de son temps, forte et sensible à la fois. N'ayant craint ni les excès, ni les passions, elle a infléchi son destin tout tracé de jeune provinciale amoureuse et naïve par des métamorphoses successives. « *Colette en quelques clichés : l'écrivain enraciné, d'abord, qui a toute sa vie conservé l'accent rocailleux de sa Bourgogne natale, une "voix de syrinx où perchait/Avec toutes les variations d'un Beaune/Le roulement des* r *comme un vin dans le chai". La jeune femme ingénue ensuite, qui débuta comme "nègre" de son premier mari. (…) Femme trompée, écrivain exploité, la petite Bourguignonne effacée se mua en*

Parisienne émancipée[1]. » Libre, après avoir été libertine, avec trois mariages, deux divorces et des intermèdes lesbiens, féministe, honorée dans ses dernières années comme académicienne, elle a constamment incarné l'émancipation et l'avènement de la femme moderne.

Colette, en épicurienne convaincue, savait appliquer à la lettre le conseil de Diderot : « *Il n'y a de solide que de boire, manger, vivre, aimer et dormir.* » Cette hédoniste aura jusqu'au bout apprécié les plaisirs de la vie, sous toutes leurs formes, en toutes circonstances. De son enfance gourmande et choyée, elle a appris à observer et à goûter la nature et ses beautés, celles des animaux de compagnie au moins autant que des êtres humains. Bien rares sont les petites filles capables de boire un grand cru bordelais pour arroser leur collation quotidienne, au lieu du traditionnel bol de lait. Aussi la singularité de son expérience s'estime-t-elle à l'aune de « *l'apparente exubérance*[2] » de son langage. Et la profusion de son vocabulaire, son art de la description, sa précision sensuelle s'exercent notamment au service du vin, pour lequel elle développe une science et une passion « coupable ».

Laissons-la conclure sur cette note d'ivresse légère et envoûtante : « *L'ardeur musquée et traîtresse du vin d'Asti se*

1. *L'Express Culture*, « Colette, écrivaine et femme libre, est morte un 3 août », par Jean Montenot, 3 août 2011.
2. Julia Kristeva, « Colette : les vrilles de la vigne », séminaire doctoral.

propage en chaleur naissante à l'ourlet de mes oreilles, en soif renaissante de ma gorge. Je tends mon verre et je bois plus lentement, les yeux mi-fermés de délice. Je constate des phénomènes inouïs : un treillis léger et vaporeux monte de la table, nimbe les lustres, recule les objets et les rapproche tour à tour[1]. »

1. *Claudine à Paris*, Colette, Ollendorff, 1901.

ANNEXE

Prolongez votre lecture !

La correspondance que Colette a échangée avec le négociant en vins Lucien Brocard a inspiré à son petit-fils une exposition multimédia.

On y retrouve la grande Colette dans son appartement du Palais-Royal. Installée devant son écritoire, elle délaisse pour un temps la rédaction d'un roman, choisit avec soin une carte aux motifs fleuris et trace ces premiers mots :

A boire, à boire, patron !

REMERCIEMENTS À

Anne de Jouvenel,
Foulques de Jouvenel,
Hugues de Jouvenel,
Véronique Brocard, Bertrand Brocard et Hélène Perrette, les petits-enfants de Lucien Brocard,
Samia Bordji et le Centre d'études Colette,
André Schmidt
Françoise Giraudet,
Marie-Laure Chamussy-Bouteille,
Frédéric Maget et la Société des amis de Colette,
André Bernard,
Yves Derai et son équipe éditoriale,
Et Valérie, ma femme, ma première fidèle lectrice.

TABLE DES MATIÈRES

Cet ouvrage a été composé et imprimé
en juillet 2013 par

CPI

FIRMIN-DIDOT

27650 Mesnil-sur-l'Estrée
N° d'impression : 118578
Dépôt légal : août 2013
ISBN : 978-2-35417-230-5

Imprimé en France